古刹智化寺

北京文博交流馆　编

北京燕山出版社
BEIJING YANSHAN PRESS

图书在版编目（CIP）数据

古刹智化寺 / 北京文博交流馆编 .—北京：北京燕山出版社，2005.12（2022.10 重印）
ISBN 978-7-5402-1741-9

Ⅰ . 古… Ⅱ . 北… Ⅲ . 佛教—寺庙—简介—北京市 Ⅳ .B947.21

中国版本图书馆 CIP 数据核字（2005）第 128840 号

古刹智化寺

编者：北京文博交流馆
责任编辑：夏艳 申妙
装帧设计：王丹 康健
出版发行：北京燕山出版社有限公司
社址：北京市丰台区东铁匠营苇子坑 138 号嘉城商务中心 c 座
邮码：100079
电话传真：86-10-65240430（总编室）
印刷：北京富诚彩色印刷有限公司
开本：850mm × 1168mm 1/16
字数：25 千字
印张：12.25
版次：2012 年 7 月第 2 版
印次：2022 年 10 月第 3 次印刷
ISBN：978-7-5402-1741-9
定价：170.00 元

主　　编：梅宁华
副 主 编：舒小峰

顾　　问：赵　迅　觉　真
执行主编：王　丹
编　　委：高小龙　郝　黎　刘超英　闫玉良　杨志国　杨　薇　王　莹
主要撰稿：王　丹　郝　黎
摄　　影：杨志国　杨立泉
绘　　图：杨志国
审　　校：杨志国　杨　薇　王　莹　袁晓明

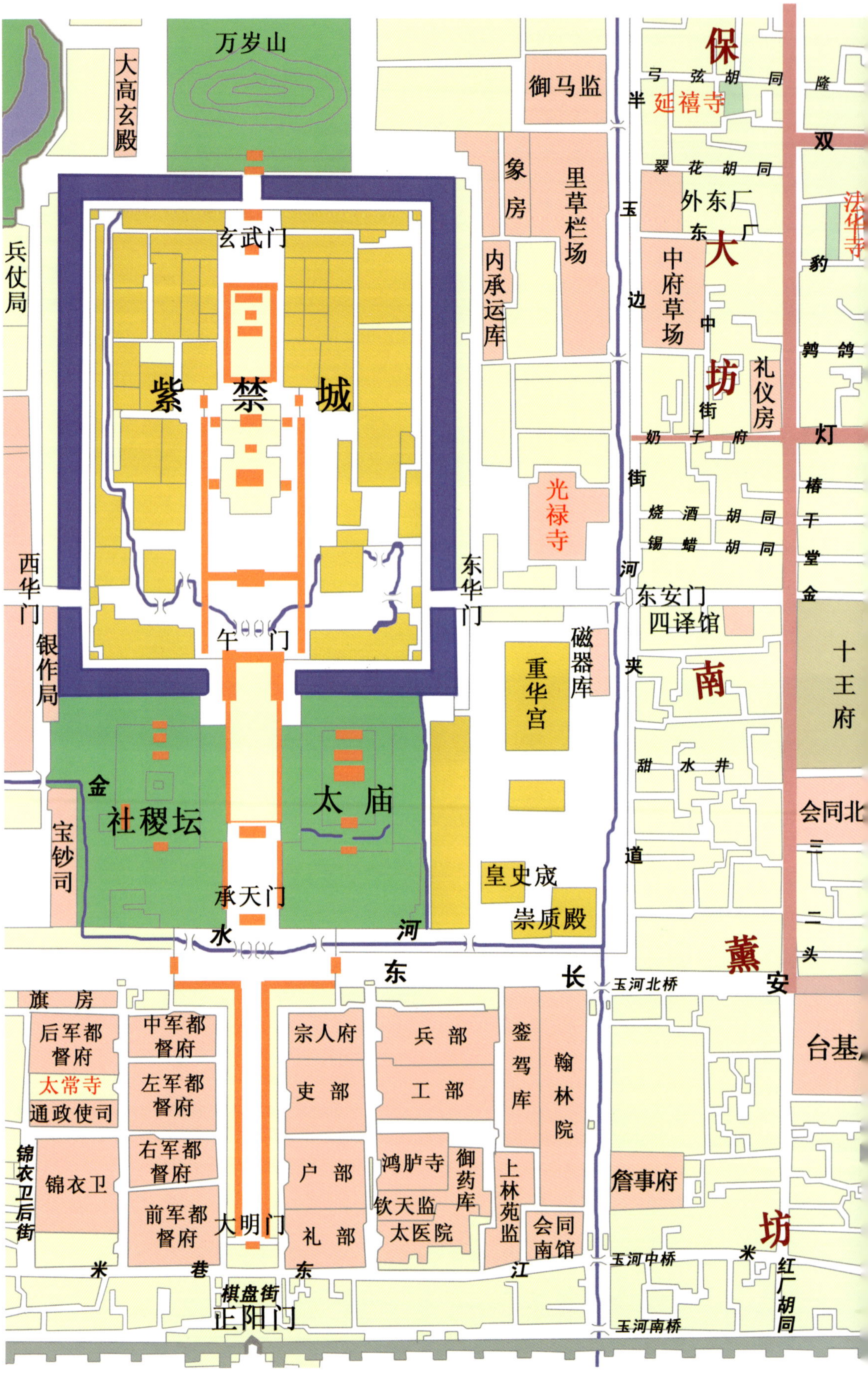
万岁山
大高玄殿
御马监
保
弓 弦 胡 同
半
延禧寺
隆
双
象房
里草栏场
翠 花 胡 同
外东厂
法华寺
玄武门
兵仗局
内承运库
玉
东 厂
大
中府草场
豹
边
中
鹁 鸽
紫 禁 城
坊
礼仪房
街
奶 子 府
灯
街
光禄寺
椿
烧 酒 胡 同
锡 蜡 胡 同
干
堂
西华门
东华门
河
东安门
四译馆
金
银作局
午 门
磁器库
夹
十王府
重华宫
南
甜 水 井
金
社稷坛
太 庙
会同北
宝钞司
三
道
皇史宬
承天门
崇质殿
二
水
河
头
薰
东
长
玉河北桥
安
旗 房
后军都督府
中军都督府
宗人府
兵 部
銮驾库
翰林院
台基
太常寺
左军都督府
吏 部
工 部
通政使司
锦衣卫后街
锦衣卫
右军都督府
户 部
鸿胪寺
御药库
上林苑监
詹事府
前军都督府
大明门
钦天监
太医院
会同南馆
坊
礼 部
米
巷
东
江
玉河中桥
米
红厂胡同
棋盘街
正阳门
玉河南桥

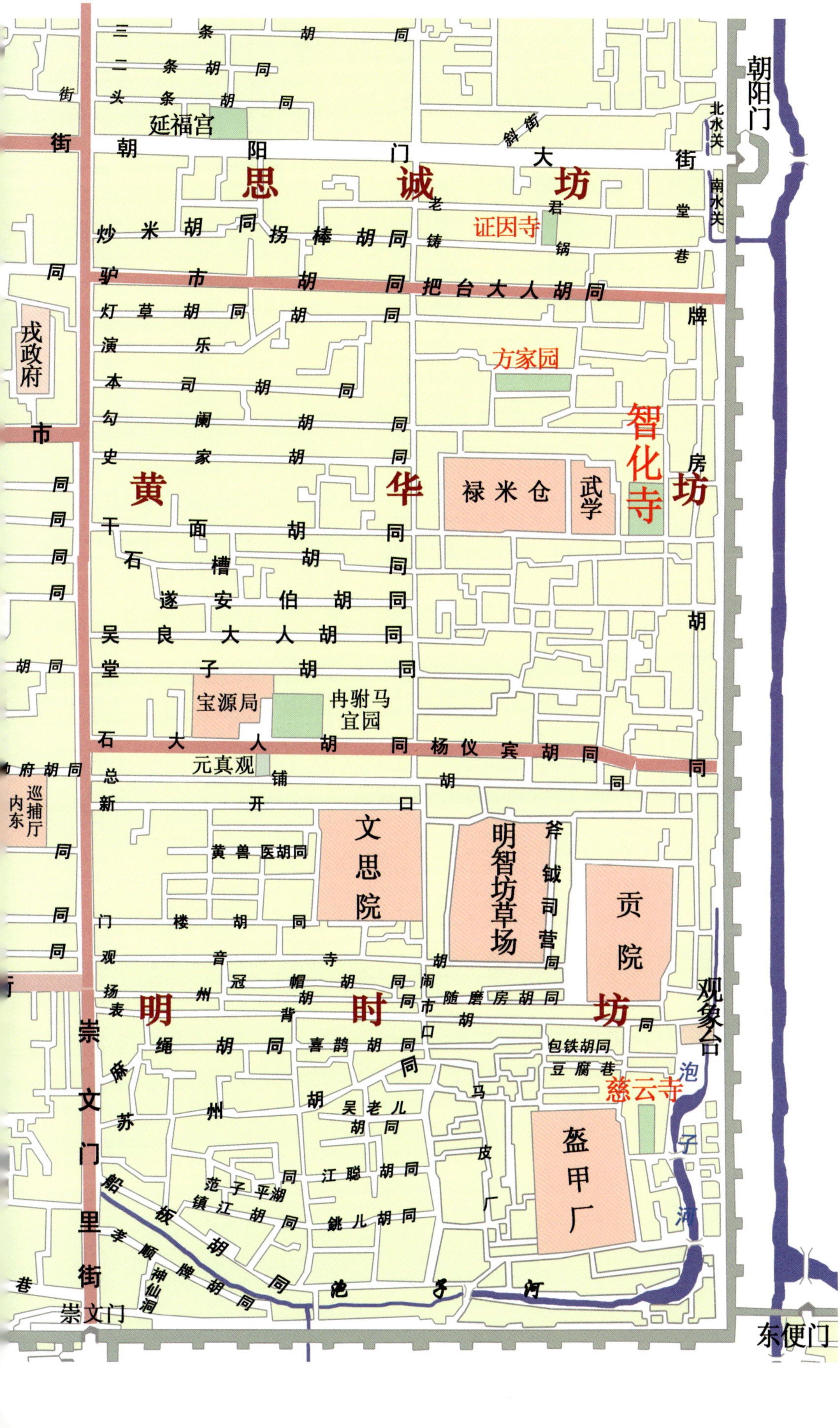
三条胡同
二条胡同
头条胡同
延福宫
朝阳门大街
斜街
朝阳门
北水关
南水关
思诚坊
证因寺
炒米胡同
拐棒胡同
驴市胡同
把台大人胡同
灯草胡同
演乐胡同
本司胡同
勾阑胡同
史家胡同
方家园
智化寺
戎政府
禄米仓
武学
黄华坊
智化坊
干面胡同
石槽胡同
遂安伯胡同
吴良大人胡同
堂子胡同
宝源局
冉驸马宜园
石大人胡同
杨仪宾胡同
元真观
巡捕厅
黄兽医胡同
文思院
明智坊草场
斧钺司营
贡院
门楼胡同
观音寺
喜鹊胡同
明时坊
观象台
包铁胡同
豆腐巷
慈云寺
泡子河
盔甲厂
吴老儿胡同
苏州胡同
江聪胡同
镇江胡同
船板胡同
神仙洞
崇文门里街
崇文门
东便门

明代智化寺位置图

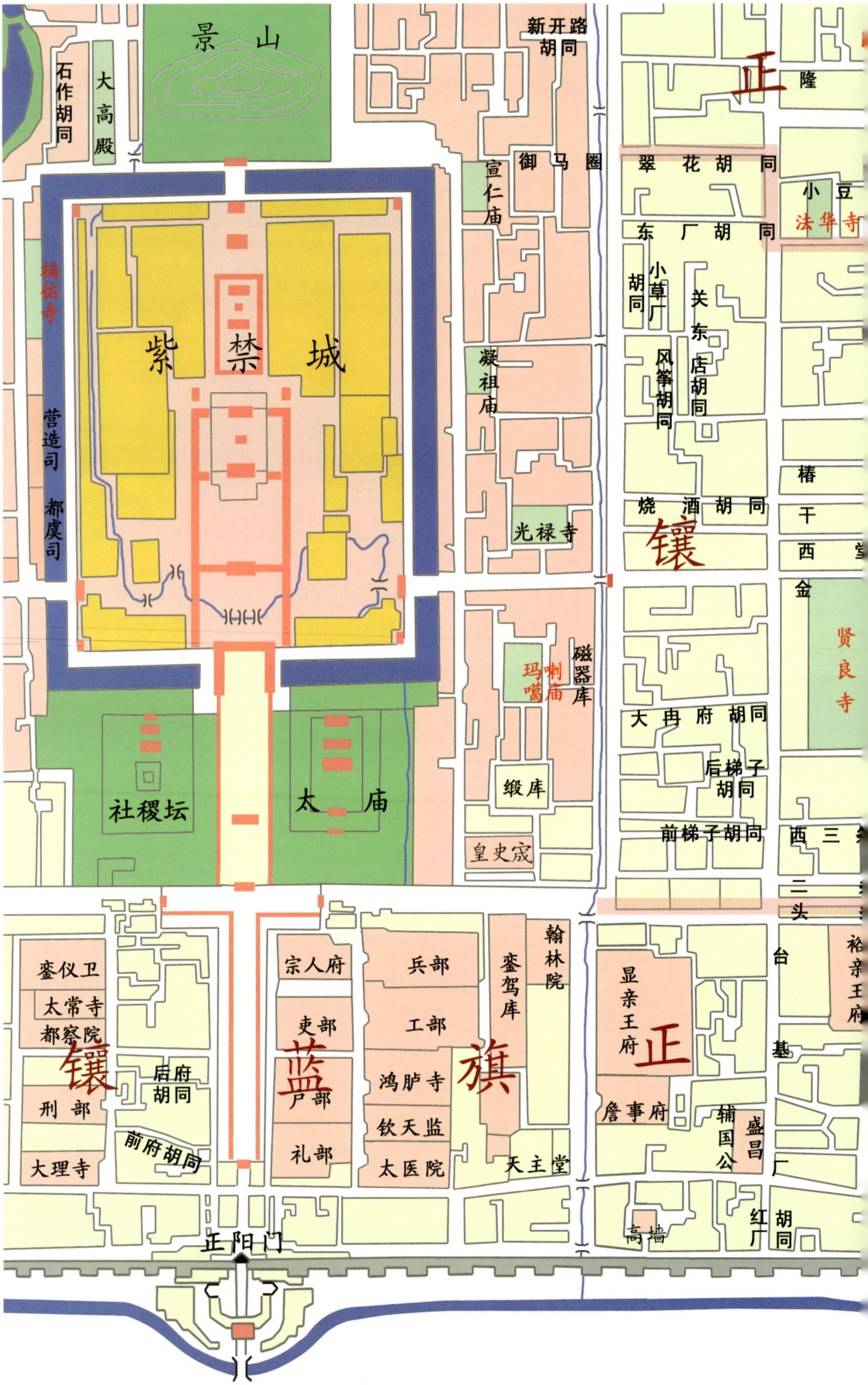

景山
石作胡同
大高殿
新开路胡同
正
隆
宣仁庙
御马圈
翠花胡同
小豆
法华寺
东厂胡同
福佑寺
紫禁城
小草厂
胡同
关东店胡同
风筝胡同
凝祖庙
营造司
都虞司
烧酒胡同
光禄寺
镶
贤良寺
玛喇嘛庙
磁器库
大甬府胡同
后梯子胡同
缎库
社稷坛
太庙
前梯子胡同
皇史宬
銮仪卫
太常寺
都察院
宗人府
兵部
銮驾库
翰林院
显亲王府
裕亲王府
吏部
工部
镶
蓝
旗
正
后府胡同
户部
鸿胪寺
刑部
詹事府
辅国公
盛昌
前府胡同
礼部
钦天监
太医院
天主堂
大理寺
高墙
红厂胡同
正阳门

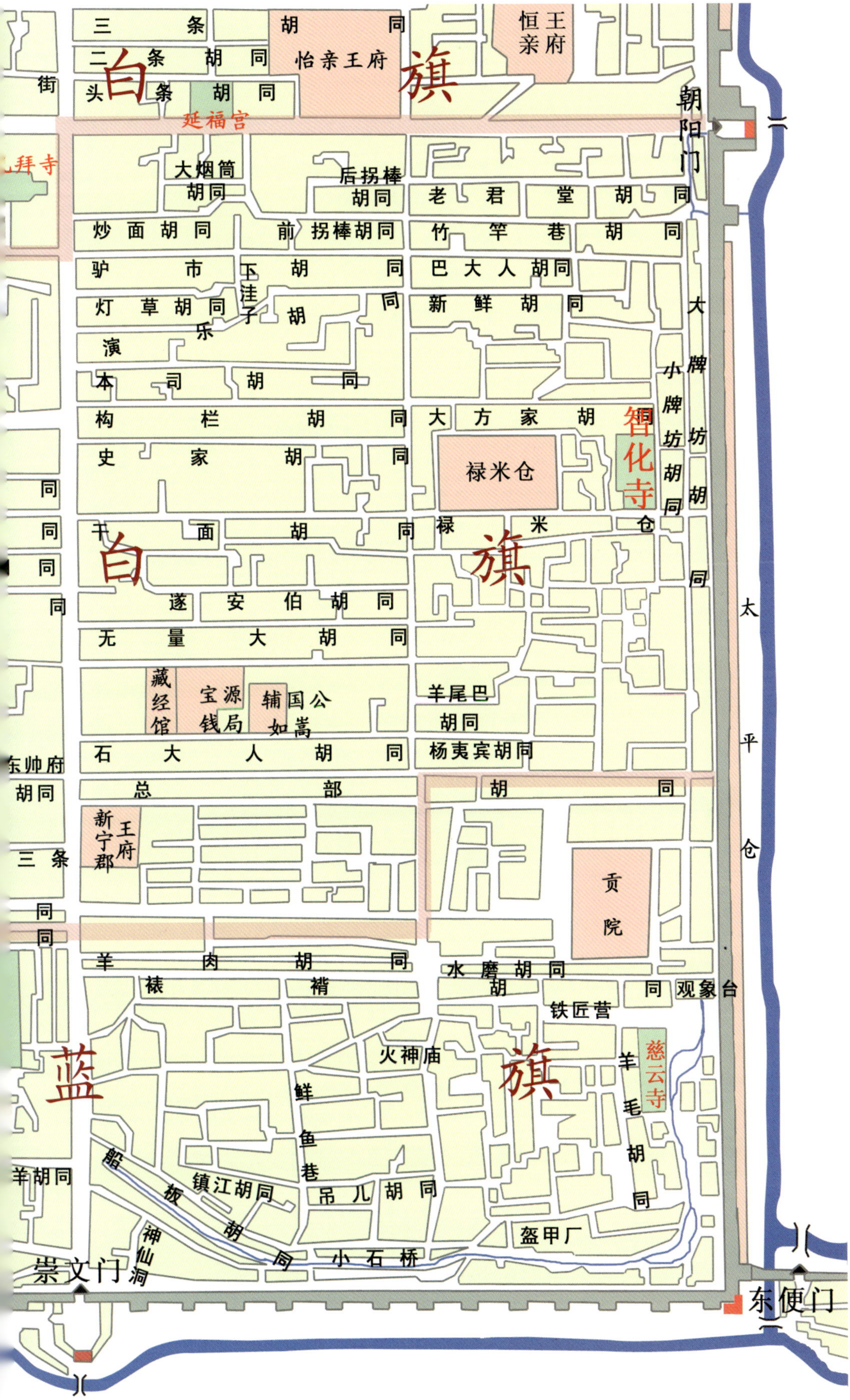
三条胡同
二条胡同
头条胡同
街
白
旗
怡亲王府
恒亲王府
延福宫
朝阳门
礼拜寺
大烟筒胡同
后拐棒胡同
老君堂胡同
炒面胡同
前拐棒胡同
竹竿巷胡同
驴市胡同
下洼子胡同
巴大人胡同
灯草胡同
新鲜胡同
乐
演
本司胡同
大牌坊胡同
小牌坊胡同
构栏胡同
大方家胡同
智化寺
史家胡同
禄米仓
干面胡同
禄米仓
白
旗
遂安伯胡同
无量大胡同
太平仓
藏经馆
宝源钱局
辅国公如嵩
羊尾巴胡同
石大人胡同
杨夷宾胡同
东帅府胡同
总部胡同
新宁郡王府
三条
贡院
羊肉胡同
裱褙胡同
水磨胡同
观象台
铁匠营
火神庙
蓝
旗
慈云寺
羊毛胡同
鲜鱼巷
羊胡同
船板胡同
镇江胡同
吊儿胡同
神仙洞
盔甲厂
小石桥
崇文门
东便门

清代智化寺位置图

二十世纪三十年代智化寺平面图

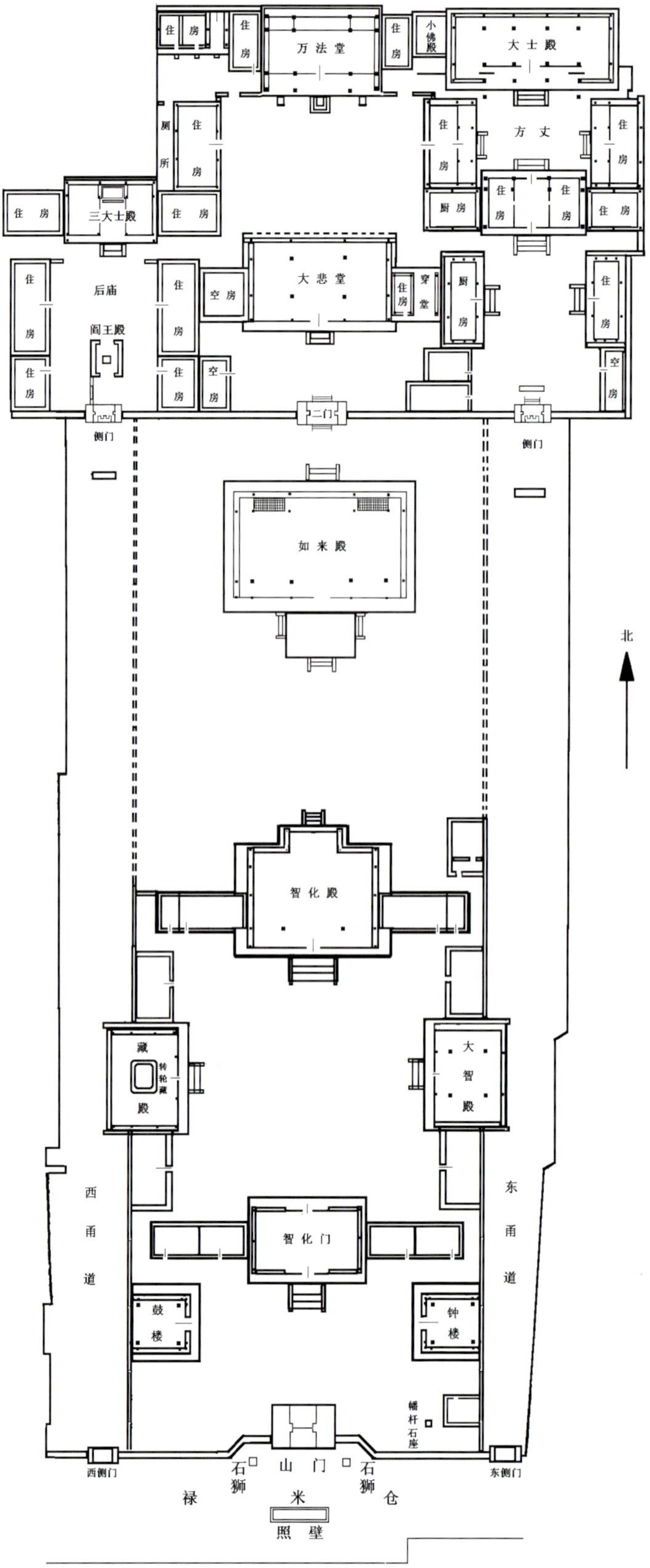

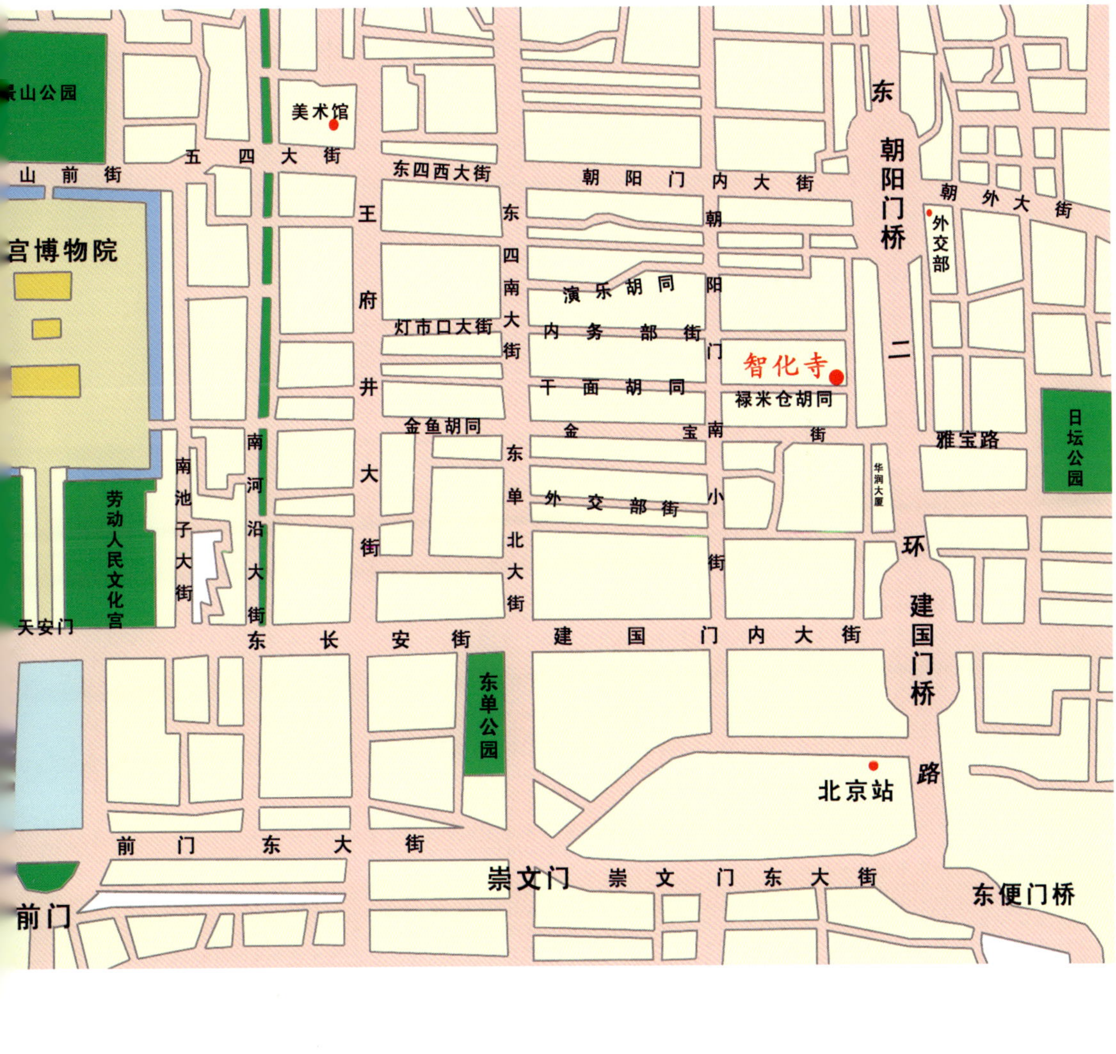
山公园
美术馆
五四大街
山前街
东四西大街
朝阳门内大街
东
朝阳门桥
朝外大街
外交部
宫博物院
王府井大街
东四南大街
朝阳门南小街
演乐胡同
灯市口大街
内务部街
智化寺
禄米仓胡同
干面胡同
二
金鱼胡同
金宝街
雅宝路
日坛公园
华润大厦
南河沿大街
南池子大街
劳动人民文化宫
东单北大街
外交部街
环
天安门
东长安街
建国门内大街
建国门桥
东单公园
路
北京站
前门东大街
崇文门
崇文门东大街
东便门桥
前门

当代智化寺位置图

前言

每次雨、雪过后，晴天朗日里，智化寺的座座大殿顶上黝黑色的琉璃瓦闪着熠熠的光，衬着其下的传统木构彩绘与红墙，使得这一群明式建筑显得另类而神秘。

智化寺建成于明正统九年（1444 年），是明英宗宠信的司礼监太监王振所建。据《明史》记载，“正统七年太皇太后崩……振遂跋扈不可制，作大第皇城东，建智化寺，穷极土木。”智化寺繁盛时占地两万平方米，前后五进殿院，分东、中、西三路，为皇城东部一处显赫的大型寺院。目前智化寺中轴线上的主体建筑保存基本完整，共四进殿宇，堪称北京市内最大的明代木结构建筑群，同时又是一处汇集古乐、造像、雕刻、彩绘等传统文化艺术的宝库。

1961 年智化寺被定为全国重点文物保护单位，随后又在此基础上相继成立了智化寺文物保管所、北京文博交流馆、北京市智化寺管理处，并对它进行了多次修缮，其中以二十世纪八十年代初以及近年来人文奥运工程的规模为最大。随着保护工程的不断深入与细化，智化寺积淀已久的封尘正在被渐渐揩去。作为智化寺内的工作人员，看着智化寺一天天趋向完美的变化，出版一本充分展现智化寺艺术魅力的图册的愿望便越发强烈起来。值此北京市文物局对智化寺陈列进行改进之际，在北京市文物局领导的指导下，我们尝试着选择了智化寺最具特色的六个层面来构建图册的内容：

都市中的净土 按照方位顺序从南至北，带领读者在智化寺内进行一次游历。在依次介绍了智化寺的山门、智化门、钟鼓楼、智化殿、藏殿、大智殿、如来殿、万佛阁、大悲堂后，又重点介绍了智化寺的藻井和殿顶黑琉璃瓦的历史常识。

光阴的故事 娓娓讲述智化寺的历史沿革。智化寺的命运与王振、明英宗、乾隆、沈廷芳、刘敦桢、杨荫浏均有着密不可分的关系。王振建好智化寺后，请得明英宗赐名“智化禅寺”，从而使智化寺兴荣在有明一代。清乾隆时期，御史沈廷芳的一篇建议仆毁王振塑像的奏折，成为智化寺由盛而衰的转折点。二十世纪三十年代，著名建筑学家刘敦桢先生的一本治学严谨、文采溢彰的《北平智化寺如来殿调查记》，确立了智化寺作为明式古建筑的范本地位。新中国成立初期，音乐大师杨荫浏先生对智化寺音乐的研究与评价，使智化寺因保存五百多年前的古乐而名噪欧亚。

毗卢遮那的光明世界 以如来殿、万佛阁所供奉的佛像为代表，向读者展示了保存在智化寺的十余尊大型佛造像及其附属文物、部分馆藏佛像精品。如果说明式的古建筑群是智化寺的形体，那么保存完好的十三尊塑像就是智化寺的灵魂。2003 年至 2004 年，由北京市文物局立项的智化寺佛像修复工程，依据“修旧如旧”、不做“创造性修复”的总原则，使寺内历经五百七十余年沧桑巨变而残破不堪、病害严重的佛像得到了科学的维护。修葺后的佛像，没有了初建时的奢华装饰，消除了多年失修的破损，显露出一份古朴典雅、泰然若定的安详。

佛教典籍的图书馆 按照时代顺序介绍了保存在智化寺内的元、明、清三代经书。作为明前中期的寺庙，智化寺藏有大量珍贵佛经：三卷元代延祐年间的官版经书属海内外孤本；近千册明代各朝的藏经弥足珍贵（带明确纪年的有洪武十八年；永乐六年、九年、十一年、十六年、二十年、二十二年；洪熙元年；宣德三年、五年、六年、七年、八年、九年、十年；正统二年、三年、五年、六年、七年、八年、十年、十二年；景泰元年、四年；天顺二年、五年、六年、七年；成化十六年；弘治五年；正德六年、十年。另有嘉靖、隆庆、天启时期的经书。总的来看，明代经书仅乏建文、万历、泰昌、崇祯四朝）；清代经书中以康熙五年、八年的尤为精美，以龙藏经板最负盛名。存放经书的藏经柜与转轮藏，是智化寺殿堂陈设以及佛经文化中不可或缺的组成部分，如来殿内的御赐藏经碑在佛经研究方面占有重要地位。

不朽的绘画艺术 详细展示了智化寺保存至今的壁画、彩绘、天花艺术以及佛像彩绘装金技法。智化殿抱厦内所藏的《地藏菩萨与冥府十王》的壁画，色彩绚丽，用笔细腻，是明代壁画艺术的珍品；各殿均有的彩绘、天花，以六字真言为主题，虽形式各异，却构成了协调的整体。与佛像的彩绘、装金一样，它们不仅是智化寺殿堂中一抹浓重的色彩，起到渲染佛教气氛的作用，而且具有防止木构建筑腐蚀糟朽的重要功能。

雁过南楼 围绕智化寺音乐的特色，对它的历史发展、曲牌、乐谱、乐器以及艺僧的基本情况进行了系统记述。如果说壁画彩绘是智化寺的“画意”，那么本章所记述的就是智化寺的“诗情”：首首古乐，有的优雅婉转如泣如诉，有的高堂阔室器宇轩昂，有的高山仰止谦卑恭敬，有的小桥流水活泼动听——每一位听众对于音乐的领悟是不同的，而用文字来讲述音乐也是十分困难的。值得庆幸的是，作为中国四大古乐之一的智化寺音乐，在北京市文物局的多方支持下，保存至今而没有断代，每日在智化寺的上空回响。

图册毕竟是平面的、资料性的。当我们倘佯在智化寺的殿宇院落中，或漫步或小憩，追溯它几度荣衰的历史，品味它美轮美奂的建筑工艺，礼拜精湛超群的造像，欣赏色彩依旧的壁画，瞻仰历朝历代的佛经，看呢喃的雨燕在钟鼓楼上下翻飞，任沧桑幽雅的古乐从心灵拂过，才能获得对智化寺最丰满的感受，才是每一位生活在都市中的现代人难得寻觅的情怀。

目录

序

日前，智化寺管理处王丹同志送来《古刹智化寺》一书的清样，希望我为这本书写一篇序。从书名来看，应是一般介绍智化寺的类似寺志的书。寺志古已有之，是记寺院创建、弘扬佛法、传灯续谱、记录大德语录诗文的专志。但是《古刹智化寺》从内容到章节却全然不是旧志的体裁，而是以文物保护为主要内容的新志。翻阅一遍，给人以文图并茂、赏心悦目的感觉。

据我所知，智化寺管理处对智化寺的管理是非常有效的。除由北京市文物局直接领导的智化寺木建筑大修工程之外，还有许多寺藏各类文物的修复也很重要，如2003年启动的寺藏佛教造像的修复，包括万佛阁须弥座上的木雕力士在内，都获得了整饰，保留了他历经沧桑的风采，极为成功。明年，原鼓楼上的明代盘龙纹大鼓将开始修复。“沥粉贴金”的工艺是当时最为华贵的装饰，也只有在敕赐智化寺内尚有遗留，很可能出自明代内府。1984年在如来殿佛像腹内发现的三卷元代刻经，已腐蚀残烂，2003年在王亚蓉先生精心护理下，复原成卷，再现旧貌，成为镇寺的国宝之一，虽尚不能断定这三卷经卷属于哪一种藏经，却为进一步的研究创造了条件。再如智化殿内的《地藏菩萨与冥府十王》壁画，是北京现存极少数的明代壁画，珍贵之至，2001年～2004年曾与日本东京文化财研究所、中国文物研究所合作，采用多种高科技手段，对壁画的病害（包括气候、紫外线和观众的影响）进行了为时三年的调查研究，获得了可喜的成果。这种侦测研究今后仍应继续进行下去，做到先知有备。智化寺佛教音乐的发展，属于人类非物质文化遗产项目，也是很有意义的文化活动。

《古刹智化寺》不论在内容和文字上都尚有可提高与修饰之处，但是，瑕不掩瑜，这本书在搞好全国重点文物保护单位的工作方面，既保护了国家的文化遗产，又向观众广为开放，走出了一条新路，开了一个好头。让我们祝愿这棵正在绽放蓓蕾的树苗壮地成长。

徐苹芳

二〇〇五年十一月廿八日 于北京

【第一部分】

都市中的净土

寺院规制

在北京东城区朝阳门与建国门之间，东距二环路仅两百米的禄米仓胡同内，有一处不起眼的红墙黑瓦寺院——智化寺。无论从人流如织的北京站过来，还是从车水马龙的二环路寻来，都要拐上几个弯儿，穿过几条小巷，才能来到智化寺的门前。古语说：“小隐隐于野，中隐隐于市，大隐隐于朝。”和其他面街的古寺名刹比起来，智化寺更像是一个看透了世事炎凉而大彻大悟的隐者，它道行高深却隐居闹市而不事张扬。

智化寺

明代木结构建筑群

智化寺坐北朝南，繁盛时占地约有2万平方米。目前东西两路荡然无存。

智化寺低于路面将近一米，山门规制质朴，看似寻常小庙。但是山门门额上“敕赐智化寺”几个大字和旁边国务院一九六一年三月四日所立第一批“全国重点文物保护单位”的标识却彰显出它非同一般的价值。

1961年智化寺被国务院列为第一批全国重点文物保护单位

智化寺复原图

智化寺位于北京东城区禄米仓胡同5号，建成于明正统九年（1444年），是明英宗宠信的司礼监太监王振所建。繁盛时占地约有2万平方米。目前东西两路荡然无存，仅保留中轴线上依次分布的山门、智化门、智化殿、如来殿（万佛阁）、大悲堂等主体建筑。智化门前是东西对称的钟楼、鼓楼；智化殿前是东西配殿——大智殿与藏殿。除如来殿殿顶是庑殿顶外，其他都是典型的歇山式风格建筑。目前南北进深278.8米，东西最宽44.5米，方圆5500余平方米。是北京市内现存最为完整的明代木结构建筑群。

泥胎彩绘泥金布袋僧像 明

通高27厘米，宽24厘米

“智”，指佛所特有的智慧。“智化”，即以佛智度化众生之意。佛教认为，在见道以前尽管也有多种佛教修习，但尚未获得认识上的根本转变，仍属世间智慧，故名“有漏智”。而进入见道以后，经断惑、证理所得为“无漏智”，即断除了凡夫往来的“三界”（欲界、色界、无上界）烦恼，证得佛教“真理”的智慧，如《法华经·方便品》云：“度脱诸众生，入佛无漏智。”

中国佛寺建筑，原与印度相同，没有大的殿堂，仅建塔藏舍利，用来表示法的存在。为表示敬重，塔位于寺的中央，作为寺的主体，四周再围以僧房，这便是佛寺最初的塔庙结构。后来佛像供奉于殿堂，殿堂与塔并重，塔一般仍在殿堂之前。唐宋时期，禅宗已不再风行建塔，佛寺发展为以殿堂为主，沿中轴线层层递进的纵轴式布局。

智化寺作为明代一座较大型的寺院，具有典型的明早期特点，采用中轴线左右对称的廊院式的布局。前院山门之内，钟楼和鼓楼左右对置。主殿院为一门两殿，即智化门、智化殿（前殿）和如来殿（后殿）。智化殿前东西为大智殿和藏殿，大智殿内供奉观音、文殊、普贤三大士，藏殿内有一具藏经的转轮藏，这种配置体现了明代左观音殿右轮藏殿的典型特征。从《乾隆京城全图》上的智化寺位置平面图可知，智化寺原由东、中、西三路组成，前院及主殿院外有廊庑围绕。在如来殿的北侧由一墙隔开，并列三个院落，中路为大悲堂、万法堂，东为方丈院，西为一座小庙。智化寺中轴线上的建筑自南向北依次为山门、智化门、智化殿、如来殿、大悲堂（原名极乐殿）、万法堂（现已无存）。

虽然智化寺自山门、钟楼、鼓楼历智化门、大智殿、藏殿迄于智化殿，为数适七，但是和通常所说的“伽蓝七堂”的规制不同，不能以“伽蓝七堂”的说法概述之。

智化寺山门历史照片 摄于 20 世纪 30 年代

智化寺的山门是砖石建筑，面阔三间 7.10 米，进深五檩 5 米，黑琉璃筒瓦单檐歇山顶。门额上嵌汉白玉匾，匾心阳刻“敕赐智化寺”五个楷书大字；两侧阴刻小字数行，东侧为“正统九年正月初九日奉旨敕建”，西侧为“万历五年三月三日司礼监管监事兼掌内府供用库印提督礼仪房太监郑真等重修”。

智化寺山门

山门

山门是进出寺院的大门。因为寺院多建于山林，所以将寺院的门称为山门。山门现已成为专用名词，即使修建于平原的寺院大门也称山门。唐代钱起《题延州圣僧穴》诗中有“默默山门宵闭月，荧荧石壁昼燃灯”之语，说明至晚到唐朝时，山门的称呼已经很普遍了。一般寺院都有三个门，象征“空”（中门）、“无相”（东门）、“无愿”（西门）三解脱门，故山门也称“三门”。

智化寺原有东、中、西三路院落，每院都开有一门，并排为三，中间正门前有一字形砖砌照壁，现已无存。由于东西两路院落已经无存，为恢复旧制，近年重修时，在正门两侧各开辟一个随墙门，形成三门。

智化寺山门前石狮

山门前蹲踞石狮一对，石狮座高 0.75 米，身高 1.23 米，造型与清制不同。虽然体型不大，风蚀也比较严重，但凿刻浑朴，从造型上看，仍属于石狮中的佼佼者。

智化门

智化门相当于一般寺院的天王殿。里面原设佛座，前供弥勒，后置韦驮，左右二厢以木栏区隔，前部二金刚分列东西，后部塑四大天王像，目前这些神像、佛座已毁损，此处现陈列智化寺历史沿革展。

智化门历史照片 摄于 20 世纪 30 年代

智化门

智化门名曰“门”，实际是一座面阔三间，进深两檩的单檐歇山顶建筑，檐下置三踩单昂斗拱 。

智化门前有两通石碑：“敕赐智化禅寺之记碑”和“敕赐智化禅寺报恩之碑”。两碑的造型和镌刻都比较精细，特异之处是龟尾和龟身之间镂空，足见雕造的细致生动，这种形制在其他地方非常少见。传说龙生九子，各不成龙。明代关于九子的名字，有不同的版本。我们此处采用的是杨慎在《升庵集》的记录:”赑屃（b ì x ì ）形似龟，好负重，今石碑下龟趺是也；螭吻（ch ī w ě n）形似兽，性好望，今屋上兽头是也；蒲牢（p ú l á o）形似龙而小，性好吼叫，今钟上钮是也；狴犴（b ì àn）形似虎，有威力，故立于狱门；饕餮（t ā oti è）好饮食，故立于鼎盖；蚣蝮（g ō ngf ù ）性好水，故立于桥柱；睚眦（y á z ì ）性好杀，故立于刀环；金猊（j ī nn í ）形似狮，性好烟，故立于香炉；椒图（ji ā ot ú ）形似螺蚌，性好闭，故立于门铺首。“

敕赐智化禅寺之记碑

碑为白石质地，螭首龟趺式，高 3 米，驮载石碑的龟趺长 1.8 米，高 0.6 米。

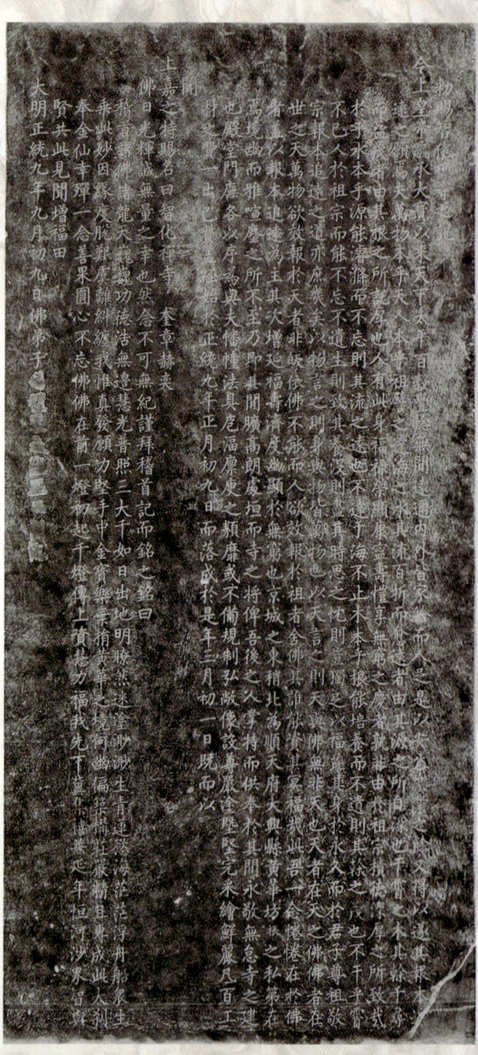

“敕赐智化禅寺之记碑”拓片

驮载石碑的龟趺

在龟尾与龟身之间存在镂空，这种形制在其他地方非常少见。

“敕赐智化禅寺报恩之碑”拓片

敕赐智化禅寺报恩之碑

碑为白石质地，螭首龟趺式，高 3 米，驮载石碑的龟趺长 1.8 米，高 0.6 米。碑上文字称“悉捐己资，僦工市材，建兹宝刹”，也就是说建智化寺的费用都出自王振个人资产。王振因受到成祖、仁宗、宣宗、英宗皇帝的厚爱，所以建智化寺报答祖宗庇护、皇帝恩宠，并且借借此为国家祈福、教化民众。

钟鼓楼

钟鼓楼位于智化寺的第一进庭院，小巧精致，东西对称而立于智化门前。鼓楼与钟楼的外形基本相同，长宽均为 7.5 米，高 10 米。两楼均为上下两层，下层甃（zhòu，用砖砌）以砖壁，上层为木制障日板壁。最突出之处在于下层角科之坐斗，其阔度比普通坐斗大一倍。看上去好像一个柱子上并列了两具坐斗。因为钟鼓楼的规模都不大，这样的做法既增加了角科昂拱的载重力，又不至于多设一个坐斗而使下檐伸出过长，影响上下两层的比例。

鼓楼历史照片 摄于 20 世纪 30 年代

钟楼角科坐斗

明清时代增大角科的做法，今已不多见，仅皇城、西华门和神武门的角科有所用。据记载，崇文门和护国寺也有同样的处理方式，只是早已随着它们本体建筑的拆除而消失殆尽了。

钟鼓楼内的如意云头纹斗拱

钟、鼓，作为我国具有传统特色的礼器和乐器，早在商周时代即被广泛运用。无论朝会、庆典、祭祀、征战，都必须撞钟击鼓。甚至在《诗经》的开篇《关雎》中，当君子得到梦寐以求的窈窕淑女之后，也是“钟鼓乐之”。先秦著名的礼制典籍《周礼》中记载，为了敲钟击鼓礼仪的需要，当时已有钟师、鼓人之设。《春官宗伯第三》说：“钟师，掌金奏。凡乐事，以钟鼓奏九夏；凡祭祀、绝食奏‘燕乐’。”《地官司徒第二》说：“鼓人，掌教六鼓、四金之音声，以节声乐，以和军旅，以正田役。”

后来，钟、鼓进入了寺院。佛教寺院敲钟击鼓是有仪规的——早晨，钟声继以鼓点；迟暮，鼓点继以钟声。“晨钟暮鼓”之说即由此而起。“钟敲鹤起，鼓击龙飞”，钟鼓的作用，不仅用于报时，而且也具有宗教宣传作用：“惊醒世间名利客，唤回苦海梦迷人。”《增一阿含经》讲：“洪钟震响觉群生”“昼夜闻钟开觉悟”。寺院不仅把钟鼓作为实施佛教礼仪的重要法器，还在钟鼓声中注入了深沉的佛教教义。论其作用，这是寺院以外的钟鼓所远远逊色的。除钟鼓楼外，僧堂、法堂、佛殿等一般也要设置钟鼓。

智化寺本有三口大钟，钟楼内这口钟是时间最早、铭文最多、工艺最精美的一口。钟身上部为双头蒲牢钟钮，肩部饰一圈莲瓣，每枚莲瓣上又铸有梵文真言，中部铸有梵文无量寿佛经咒等二十余部，下有八卦图饰，以定方位，工艺精湛。在钟身万岁牌上铸有“皇图永固 帝道遐昌 佛日增辉 法轮常转 大明正统九年九月制”铭文，这表明这口钟在智化寺初建时就有了。

智化寺铜钟的双头蒲牢钟钮

智化寺大钟

智化寺的大钟，高 1.60 米，口径 1.05 米，唇厚 9 厘米。钟声洪亮，余音袅袅。

智化寺铜钟龙纹万岁牌

佛钟是用于祈祷、感化、超度众生的，《禅门日诵·击钟仪》即载“闻钟声，烦恼轻，智慧长，菩提增，离地狱，出火坑，愿成佛，度众生”。撞钟是我国的创造和独特贡献。为了弘扬佛法，工匠们汲取印度正圆形金刚铃的特点，创制了浑厚洪亮，悠扬悦耳，传之久远的佛钟。一些寺院因钟而闻名天下，如唐代张继《枫桥夜泊》诗中所说姑苏城外寒山寺的“夜半钟声”，杭州净慈寺的“南屏晚钟”等。

僧寺的钟多是晨暮各敲一次。晨昏佛钟，要打 108 下。节奏为快十八，慢十八，中间十八徐徐发，反复两次。为什么要撞 108 下？一种解释为：人生有 108 种烦恼，敲钟 108 下，可除尽烦恼喜迎新；另一种解释为：一年有 12 月、24 节气、72 候（每候五天），正合 108，象征一年轮回。总之，撞钟可以化解烦恼，令人心旷神怡。

铜钟双头蒲牢钟钮

智化寺古钟展开图

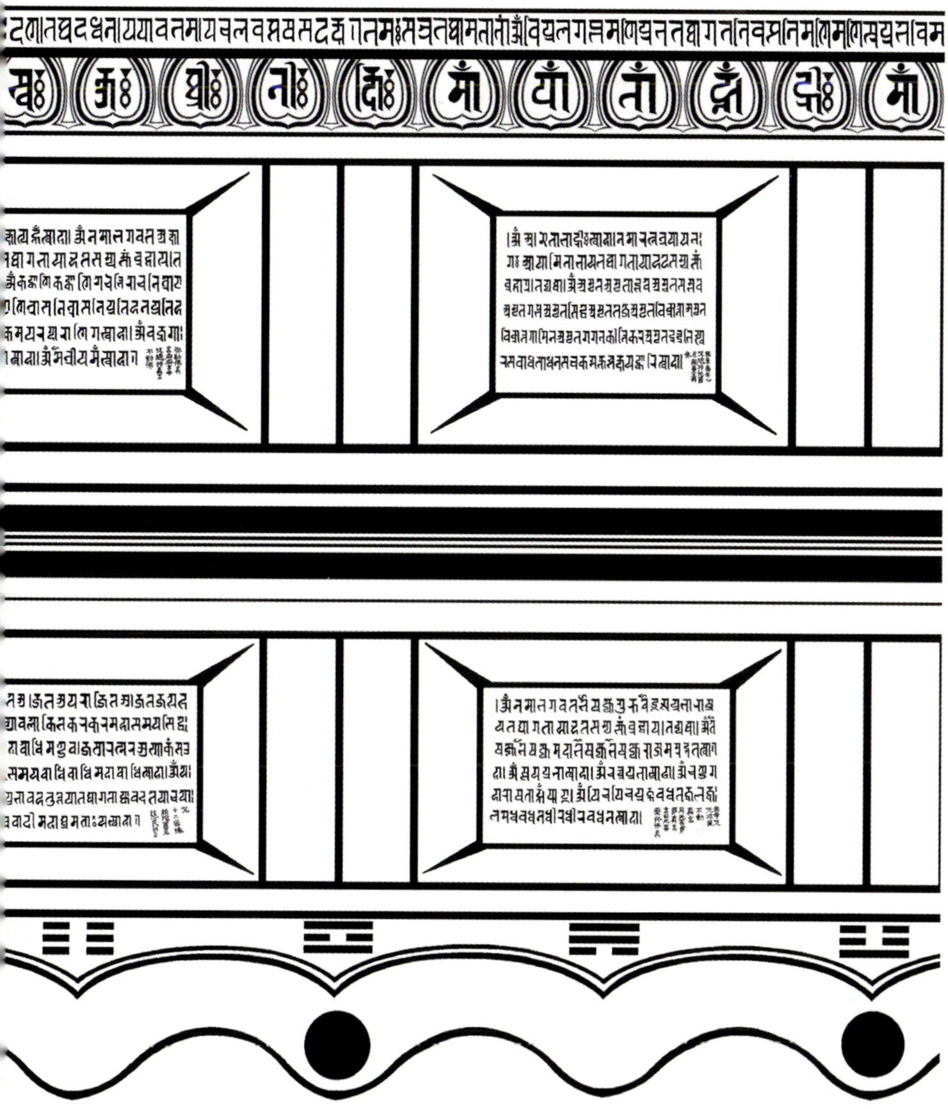

智化殿内曾悬挂的古钟

现存大钟寺九亭钟园南钟亭。钟上铸有铭文“大明成化十七年十月吉日制”（1481 年制），体高 1.21 米，钮高 0.29 米，底口径 0.91 米。

智化寺的明代大鼓高 1.45 米，鼓面用牛皮制成，直径 1.07 米，最大周长 4.3 米，为如来殿内的堂鼓。2003 年“非典”期间，寺里游人较少，工作人员集中精力在寺内清理文物。工作人员发现，这面不起眼的普通红色漆面大鼓，在扫去多年积尘后，鼓身上竟然还盘着一圈金龙。图案以“二龙戏珠”为单位，共有四组，金龙腾跃盘绕，龙鳞层次分明，栩栩如生。整个构图灵活丰满，极具立体感。加上鼓面分别绘有一组“二龙戏珠”图案，即早已被发现的 4 条，整个大鼓共有 12 条金龙，象征一年十二个月风调雨顺、平安幸福。

智化寺藏“沥粉贴金”龙纹大鼓　明

智化寺龙纹大鼓鼓面纹饰线描图

鼓身金龙的制作工艺为“沥粉贴金”。这种工艺源远流长，是传统工艺制作的一个花色品种。“沥”是指液体的点滴，这里用作动词。“粉”是一种膏状的粉浆，用桐油、土粉子、大白粉、骨胶配制而成。沥粉时画工用专用的粉筒子，沿着事先拍印在彩画部位上的纹样，挤出凸起的线条，术语称之为“沥粉”。

沥粉工艺的特殊之处在于高出表面，并在它的上面贴金、银箔或上色等。通过这样的描绘、堆沥技法，起到一种近似于浮雕的效果，产生了具有中锋铁线般的韵律感，在具有厚度、硬度的同时又有华贵的感觉。著名考古专家徐苹芳先生查看此鼓后表示：明代大鼓并不少见，但鼓身上绘有金龙的鼓在国内非敕赐寺院中极为少见，在北京地区更是凤毛麟角，具有非常高的学术价值。

智化寺龙纹大鼓鼓身展开图

智化寺龙纹大鼓鼓身“沥粉贴金”龙纹 明

智化寺鼓楼里大鼓鼓身的四组“二龙戏珠”图案，采用的就是“沥粉贴金”工艺。

“沥粉贴金”工序之一——沥粉

目前鼓楼内陈列的是复制的大鼓，规格较原物为小，但图案和装饰技法皆一致

穿过智化门，是智化寺的第二进院子，也是智化寺现存规模最大的院落，方正规整。院内种植着海棠、核桃和梨树。每逢阳春三月，花团锦簇，姹紫嫣红，馨香四溢。秋季果实累累，硕果飘香，飞檐溢彩，更是别有一番情趣。

智化殿

智化殿，相当于一般寺院的大雄宝殿。殿内正中和两山原有白石须弥座，供木雕三世佛和十八罗汉坐像。目前，殿内陈列的三世佛原存放在大悲堂，体量较小。三世佛后隔扇墙上，装有一幅名曰“地藏菩萨与冥府十王”的精美壁画。

智化殿历史照片 摄于 20 世纪 30 年代

原存放于智化殿内的三世佛，目前陈列于北京西山大觉寺“无去来处”殿

智化殿

智化殿坐北朝南，面阔三间 18 米，进深九檩 14.5 米，黑琉璃筒瓦单檐歇山顶，五踩重昂斗拱。其角科亦如钟鼓楼，并列坐斗两个。装修为菱花格隔扇门窗，每间四扇。

大智殿

大智殿，坐东朝西，是智化殿的东配殿。原供有观音、文殊、普贤三大士，观音骑犼、文殊骑狮、普贤骑六牙白象，现已无存。现辟为北京文博交流馆临时展厅，定期推出不同的展览内容。

大智殿真言天花

大智殿

大智殿面阔三间，进深七檩，檐口三踩单昂斗栱，黑琉璃筒瓦单檐歇山顶。

藏殿

藏殿坐西朝东，是智化殿的西配殿，和大智殿相对。殿之结构与大智殿相同。

殿内因存一具北京仅有的明代八角形转轮藏而得名。“藏”，在这里是容纳收藏之意。这具转轮藏建筑结构严谨，雕刻艺术精湛，佛教涵义深奥。

转轮藏顶部口吐莲花的摩羯

转轮藏顶部毗卢遮那佛

藏殿

藏殿面阔三间，进深七檩，檐口三踩单昂斗栱，黑琉璃筒瓦单檐歇山顶。

如来殿、万佛阁

如来殿、万佛阁，一底一楼，同一建筑上下异称，是智化寺中轴线上最大的建筑。一层如来殿内供奉的是释迦牟尼佛，大梵天、帝释天作为胁侍。二层万佛阁内则供奉三身佛。此外，这两层建筑内壁遍布佛龛，供奉木质漆金小佛像 9000 余尊，故得名万佛阁。殿内还立有明英宗天顺六年（1462 年）颁赐经书的藏经碑和经橱，上下两层均金砖墁地。

如来殿内历史照片 摄于 20 世纪 30 年代

如来殿菱花格窗

如来殿二层拱券式门窗

如来殿

如来殿坐北朝南，下层面阔五间 21 米，楼上面阔三间，进深七檩 15 米，拱券式门窗，三交六椀菱花格隔扇，门上陡匾书“万佛阁”三字。覆庑殿式顶。门外周遭有廊，围以宝瓶护栏，下垂挂滴珠板。

大悲堂菱花格隔扇

大悲堂

位于智化寺内第四进院子的大悲堂又称“极乐殿”，堂中原有石质须弥座，供木制千手观音坐像。此殿西配房被明英宗命为“旌忠祠”，供有王振塑像，东侧为方丈院，现均已无存。

大悲堂

大悲堂面阔三间，进深七檩，黑琉璃筒瓦单檐歇山顶，单昂三踩斗拱。

黑琉璃瓦屋顶建筑群

智化寺从山门、钟鼓楼，到智化门、智化殿、万佛阁 、大悲堂，所有殿堂的屋顶全部铺装黑色的琉璃瓦。中国古代的建筑规制是十分严谨的，不同等级的建筑用不同的形制和材料。往往凭借建筑的规制，可以判断其主人的地位和身份。早在南北朝时期，我国即已开始使用琉璃瓦这种建筑构件。明代各色琉璃瓦中，黑色品级虽次于黄、绿两色，然而黑色与翠绿色琉璃瓦都只有官窑才能烧造。

由于智化寺的主体建筑均为木结构，因木材忌火，而按五行之说，黑色属水，水能灭火，取镇火之意。

在佛教意义上，黑瓦覆顶还有一重含义：佛经上有四种色之说，息灾为白 、增益为黄、敬爱为赤、降伏为黑。喻地、水、火、风四大。因此，黑色在佛教中是象征风大的颜色，而风又象征无边的法力；如来成道时，亦以风指降伏恶魔。黑色琉璃瓦屋顶，正好与“智化寺”名相对应，前者以风降伏恶魔，后者以佛的智慧度化众生。

龙吻

汉代时一些重要建筑的正脊上已出现凤凰形的装饰物，后来逐渐改成了鸱尾。鸱尾是大殿正脊两端塑成鱼尾形的瓦饰。“鸱”是传说中的鱼形水兽，属水性，可防火。中唐时期，鸱尾鱼嘴张大吞脊，改称为鸱吻。宋代以后，鸱尾、鸱吻逐渐被张大口的龙形所替代，龙亦有兴云降雨之能。明清时期尤为推崇龙文化，因此，大殿正脊两端的吻兽，一般为张大口的龙头形，叫做龙吻。

在古代建筑中，龙吻不但是一种重要的装饰物，而且由于它是衔接殿顶正脊与垂脊之间的重要节点，从而起到了使殿顶更加封闭、牢固并防止雨水渗入的作用。除正脊上的龙吻外，两坡垂脊上也各有一垂兽，其体形略小，呈望兽状，起封护两坡瓦陇和装饰垂脊的双重作用。

智化寺如来殿顶正脊上的黑琉璃龙吻

瓦当

瓦当有圆形和半圆形两种，位于筒瓦的前端。据文献资料和考古发掘证明，我国瓦当的起源应追溯到西周时代。当时瓦的制作是先制成圆筒形的陶坯，然后剖开坯筒，入窑烧造，四剖或六剖为板瓦，对剖为筒瓦。故“瓦解”一词即源于此。板瓦用于屋顶，筒瓦覆盖于两行板瓦之间。

瓦当

走兽

所谓走兽，是安放在四个垂脊之上的仙人、龙、凤、狮子、天马、海马等，最多的达10种。这些小兽的排列有着严格的规定，按照建筑等级的高低而数量不同，最多的是故宫太和殿上的装饰。这些神兽都象征吉祥安定、消灾灾祸，并含有主持正义、剪除邪恶之意，同时也是古建筑上的一种装饰品。

藻井的遗憾

藻井，是智化寺建筑精彩辉煌的亮点之一。它是中国古建筑独有的一种装饰，一般做成方形、圆形或多边形的凹面，“藻井”看上去似一井圈，四周刻画图案彩纹，即藻纹，故称“藻井”。

藻井的出现由来已久，早在2000多年前的汉代墓室顶上已有藻井装饰，上面刻画着藕茎类的水生植物，常见的有菱角、荷花或莲叶。古人迷信，认为水草可以压火。《风俗通》云：“井者，东井之像也；菱，水中之物，皆取以压火灾也。”中国古代宫殿多为木结构，常有火灾之患，所以常用藻井装饰。藻井能压火，这当然是不可信的，但藻井是中国古代工匠在建筑上的一种独创艺术，后人引以为傲。中国古代常画莲花作为藻井的主要装饰内容，这是因为莲花是佛教净土的象征，素称“出污泥而不染”。敦煌莫高窟现存492个洞窟，其中420个洞窟里都有藻井，而莲花图案一直延续了千余年之久。

智化寺内原有三具藻井，分别位于藏殿、智化殿、万佛阁三组建筑内顶部。

藏殿藻井下方上圆，在构图上带有浓郁的宗教气氛。而藻井的彩绘，主要配合雕刻着色。其结构自左右柁梁起，向上斜出，斜板上遍绘36尊佛像。上面琢卷云、莲瓣各一层，皆方形。再上有一圈圆板像个井口，板之隅角亦雕卷云。其上有小斗栱五层，中央置圆板，为藏传佛教坛城图案。它的外沿是方形，以覆莲形式层层递升，至最高处突然变仰莲，一尊毗卢遮那佛像背西面东端坐于莲心之上，面貌庄严丰丽，做工精细，刻意求工。

藏殿顶部圆形藻井

藏殿藻井雄壮遒劲，卷云莲瓣以金、朱、青、绿色绘饰，配色强烈，与其下的转轮藏相衬托，更增添几分凝重气氛。

藻井底部卷云纹饰

藻井底部莲花瓣

智化寺万佛阁藻井和智化殿藻井均系斗八式，平面方形，井框外边长 4.35 米，内边长 4 米，四角以枝条区划成八角形，再置方格二重，相互套合成内八角。每格之边缘，饰卷云、莲瓣、栱科，空档儿而内置“八宝”。内八角与井心之间的斜板上，环雕游龙。中央圆心，一条矫健粗壮的团龙，蟠绕垂首，俯视向下，整个结构美奂绝伦。中国当代著名的建筑学家刘敦桢评论说：“万佛阁之藻井，云龙蟠绕，结构恢奇，颇类大内规制，非梵刹所应有……”遗憾的是，1930 年夏秋之季，这座精美藻井被盗卖到美国，如今收藏在美国堪萨斯城的纳尔逊－阿特金斯博物馆，而智化殿藻井则收藏于美国费城艺术博物馆内。

万佛阁斗八式盘龙藻井（美国纳尔逊－阿特金斯博物馆提供）

藻井落架历史照片 摄于 20 世纪 30 年代

智化寺藻井是如何流失海外的呢？1984 年，据智化寺附近居民——84 岁的何玉祥和 79 岁的何凤田两位老人讲，新中国成立前他们一直租住智化寺平房，距离智化殿十余米，距离如来殿二三十米。据二人回忆，古董商人纪小辫，人称纪三爷，多次到智化寺商谈买藻井的事。拆藻井用了好多天。为了避人耳目，藻井是下雨天天黑时才被人雇杠夫抬走的。起初存放在羊尾巴胡同（今阳照胡同）纪小辫院子里，几天后就不知藻井的下落了。

1945 年，古建筑专家梁思成先生到美国讲学，在纳尔逊博物馆看到了万佛阁藻井。从此，国内才知道其确切下落。

1986 年 5 月，中文名字为韩慕肯的美国留学生来智化寺参观，得知藻井情况。回到美国后，他与纳尔逊博物馆取得了联系。纳尔逊博物馆告知他另一个藻井在费城艺术博物馆，是一个叫威尔逊的美国人买走的。至此，智化殿藻井的下落才清楚了。

藻井无奈地离开了故乡，给我们留下的是无尽的遗憾和警示：一个贫穷落后的国家，是不可能有效地保护自己的珍贵文物的。我们期待着，再次仰望智化寺万佛阁和智化殿顶部之时，映入我们眼帘的是那久违了的辉煌。

智化殿斗八式盘龙藻井历史照片 （美国费城艺术博物馆提供）

【第二部分】

光阴的故事

智化寺的命运与王振、明英宗、乾隆帝、沈廷芳、刘敦桢、杨荫浏均有着密不可分的关系。智化寺建好后，得英宗赐名“智化禅寺”，几度辉煌。随着历史的发展，智化寺几度衰落。万幸的是，在荣衰交替的命运反复中，这座打下了深刻历史烙印的寺院完整地保留下来了。

智化寺历史沿革

寺化智賜勅

英宗的“先生”——王振

明宣德十年（1435年），宣宗去世，英宗朱祁镇即位。宦官王振因自英宗幼年便侍奉左右而得掌司礼监，把持朝政。

明英宗（1427年～1464年）

王振像

王振，蔚州（时属山西大同，今河北蔚县）人。智化门前的“敕赐智化禅寺报恩之碑”称：“臣（振）窃惟一介微躬，生逢盛世，爰自早岁，获入禁庭，列官内秩，受太宗文皇帝眷爱，得遂问学，日承诲谕。既而俾侍仁宗昭皇帝于青宫，复蒙念臣小心敬慎，委以腹心之任，暨登大宝，屡加显庸。宣宗皇帝临御，猥以久在侍从，眷顾有加。龙驭上升之日，遂荷付托之重。”

这段话的意思是说，王振早年入宫，受到成祖永乐帝的眷爱，得以读书识字。仁宗皇帝还是太子时，复念他小心敬慎，委以心腹之任，登基后，更加重用。宣宗皇帝因为王振久在侍从，眷顾有加。临死之际，令王振以东宫局郎之职，侍奉九岁的太子朱祁镇（日后的英宗）。这与明史王振本传的记载基本吻合，因而是可信的。

正统十四年（1449年）七月，北方蒙古瓦剌入侵，王振不顾满朝文武的反对，怂恿英宗到抗击瓦剌的前线亲征。由于仓促上阵、轻敌和指挥乏术，英宗被生俘，明军覆没过半，王振亦被杀，史称“土木之变”。明廷由英宗之弟朱祁钰继位。时隔一年之后，即景泰元年（1450年），英宗被瓦剌放回。景泰八年（1457年）英宗复辟，追念旧事，于智化寺西北角为王振立“旌忠祠”，并塑像纪念。

今河北蔚县卜北堡村

今河北蔚县卜北堡村是王振的老家，出生在这里的王振从小进入了宫廷。

由于王振朝夕陪伴在左右，英宗对他产生了很深的感情，称之为“先生”。即位后，就把他提拔为司礼监太监。公侯勋戚见皇帝尚且如此优待王振，更呼其为“翁父”。

王振遂擅作威福。太皇太后张氏得知王振的所作所为后，召集辅政的三杨即杨士奇、杨荣、杨溥及英国公张辅、礼部尚书胡濙上殿，对英宗说：“先帝选拔出来这五个大臣辅佐你，一切国政应该与他们商议，不准妄自定夺。”太皇太后又让女官宣王振入殿，勃然大怒曰：“你侍奉皇帝起居，多不法事，罪不可赦，今天赐你死！”左右女官拔剑出鞘，架在王振的脖子上，吓得他魂不附体，连一句话都说不出。英宗忙匍匐地上，替他求情，五臣也依次跪下。太皇太后道：“皇帝年少，不识此等小人，自古佐治不足，误国有余。我今日姑且不杀他。但是从此以后，切不可令他干预国政。”又对王振说：“你若再干预朝政，绝不饶恕！”

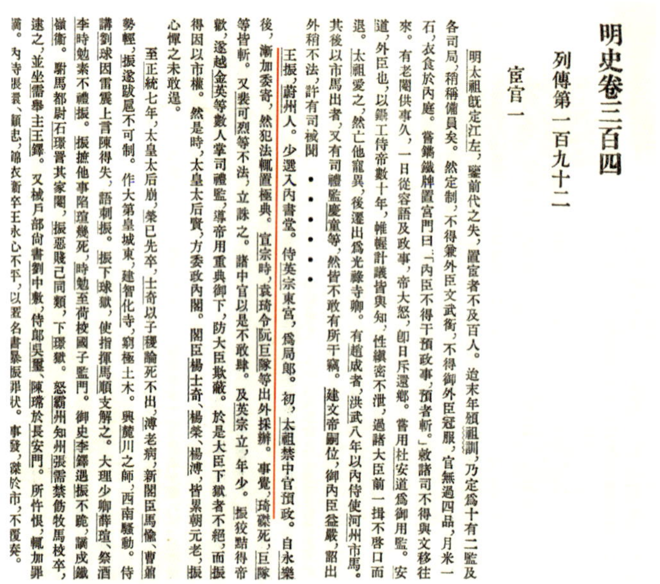
明史卷三百四

列傳第一百九十二

宦官一

明太祖既定江左，鑒前代之失，置宦者不及百人。迨末年頒祖訓，乃定爲十有二監及各司局，稍稱備員矣。然定制，不得兼外臣文武銜，不得御外臣冠服，官無過四品，月米一石，衣食於內庭。嘗鐫鐵牌置宮門曰：「內臣不得干預政事，預者斬。」敕諸司不得與文移往來。有老閹供事久，一日從容語及政事，帝大怒，即日斥還鄉。嘗用杜安道爲御用監。安道，外臣也，以鑷工侍帝數十年，帷幄計議皆與知，性縝密不泄，過諸大臣前一揖不啓口而退。太祖愛之，然亡他寵異，後遷出爲光祿寺卿。有趙成者，洪武八年以內侍使河州市馬。其後以市馬出者，又有司禮監慶童等，然皆不敢有所干竊。建文帝嗣位，御內臣益嚴，詔出外稍不法，許有司械聞……

王振，蔚州人。少選入內書堂。侍英宗東宮，爲局郎。初，太祖禁中官預政。自永樂後，漸加委寄，然犯法輒置極典。宣宗時，袁琦令阮巨隊等出外採辦。事覺，琦磔死，巨隊等皆斬。又裴可烈等不法，立誅之。諸中官以是不敢肆。及英宗立，年少。振狡黠得帝歡，遂越金英等數人掌司禮監，導帝用重典御下，防大臣欺蔽。於是大臣下獄者不絕，而振得因以市權。然是時，太皇太后賢，方委政內閣。閣臣楊士奇、楊榮、楊溥，皆累朝元老，振心憚之未敢逞。

至正統七年，太皇太后崩，榮已先卒，士奇以子稷論死不出，溥老病，新閣臣馬愉、曹鼐勢輕，振遂跋扈不可制。作大第皇城東，建智化寺，窮極土木。興麓川之師，西南騷動。侍講劉球因雷震上言陳得失，語刺振。振下球獄，使指揮馬順支解之。大理少卿薛瑄、祭酒李時勉素不禮振。振摭他事陷瑄幾死，時勉至荷校國子監門。御史李鐸遇振不跪，謫戍鐵嶺衛。駙馬都尉石璟詈其家閹，振惡賤己同類，下璟獄。怒霸州知州張需禁飭牧馬校卒，逮之，並坐需舉主王鐸。又械戶部尚書劉中敷，侍郎吳璽、陳瑺於長安門。所忤恨，輒加罪謫。內使張環、顧忠，錦衣衛卒王永心不平，以匿名書暴振罪狀。事發，磔於市，不覆奏。

《明史》书影

此后约有三四年，王振不敢干预政事。奉天、华盖、谨身三大殿重修竣工，英宗大宴群臣，因明朝祖制，宫内太监不得参与外廷宴会，王振不能参加。英宗如失左右手，命内侍看望王振。王振自比周公，厉声说：“周公辅成王，为什么我不能到朝堂一坐？”内侍复命，英宗明知有违祖制，可是心中敬爱“王先生”，只恐他不高兴，还是破例邀请，命打开东华门的中间大门，让王振来参加宴会，文武百官也赶忙起来迎接。

太皇太后死后，王振权势熏天。国子监祭酒李时勉请改建国子监，王振奉旨验收。李时勉没有像其他官员那样极尽逢迎，王振遂怀恨在心。他借口李时勉擅自砍伐官树，罚其戴枷在烈日下暴晒。太学生三千人上疏营救，王振都置之不理。后来孙太后之父孙忠告知太后，太后向英宗提起此事，李时勉才得以被释放。王振甚至连皇亲国戚也丝毫不放在眼里：“驸马都尉石璟詈其家阉，振恶贱己同类，下璟狱。”《明史·王振传》叙述了上述诸事例后，称其“所忤恨，辄加罪谪”。而巴结奉承王振的官员，则被加官晋爵。

正统年间，西南和东南发生的几场战争都和王振有关。丽川在云南西徼（[jiào]），即今云南省瑞丽县一带。正统四年（1439年），平缅丽川宣慰司思任发侵略周边，大臣朝议，或主张剿灭，或主张安抚，意见不一。王振欲示威荒服，决计出师。经过几次胜败反复，直至正统十四年（1449年），总督军务的王骥认为寇终难灭，乃与思禄（思任发的孙子）立石金沙江为界，这场战争方告结束。这场战役耗时十年之久，劳师数十万，转饷半天下，得不偿失。

刚刚平定东南浙江叶宗留起义和福建邓茂七起义，西北又狼烟四起。

蒙古瓦剌在太师也先的统治下，势力渐强，成为明朝北部边疆的劲敌。

正统十四年(1449年)，也先遣使入贡，以二千人贡马，号称三千。王振令礼部按名给赏，虚报的一概不与，马价只给五分之一。

《明史》有如下记载：“（瓦剌）使往来多行杀掠，又挟他部与俱，邀索中国贵重难得之物。稍不餍，辄造衅端，所赐财物亦岁增。”以往瓦剌使者不过五十人，而时至正统，“瓦剌使来，更增至三千人，复虚其数以冒廪饩。礼部按实予之，所请又仅得五之一，也先大愧怒。”《明史纪事本末》卷32《土木之变》的记载大略相同：“正统十四年春二月，也先遣使二千余人进马，诈称三千人，王振怒其诈，减去马价，使回报，遂失和好。”

因此，事实的真相当是：正统年间，瓦剌随着势力的增强，利欲之心也随之增长。由于贪欲没有得到满足，也先于正统十四年（1449年）七月，“遂诱胁诸番，分道大举入寇”。王振减损马价一事，只不过是也先出兵的一种借口而已。

正统十四年（1449年），也先兵分四路大举入侵。警报迭传，王振鼓动英宗御驾亲征，英国公张辅、兵部尚书邝野、侍郎于谦、吏部尚书王直等群臣多次反对无效。英宗下诏令自己的弟弟郕王朱祁钰居守京师，自己亲率五十万人马出征。王振陪伴皇帝左右，寸步不离，沿途命令，统由他一人发布。及至居庸关，群臣请驻跸，俱被驳斥。到了宣府，连日风雨，人情汹汹，群臣又请皇帝返回，王振大怒说：“朝廷养兵千日，用兵一时，难道未见一敌，便想回去吗？再有抗阻者，军法不贷。”钦天监彭德清是王振心腹，称天象示警，不可前进。王振称即便如此，也是天意。

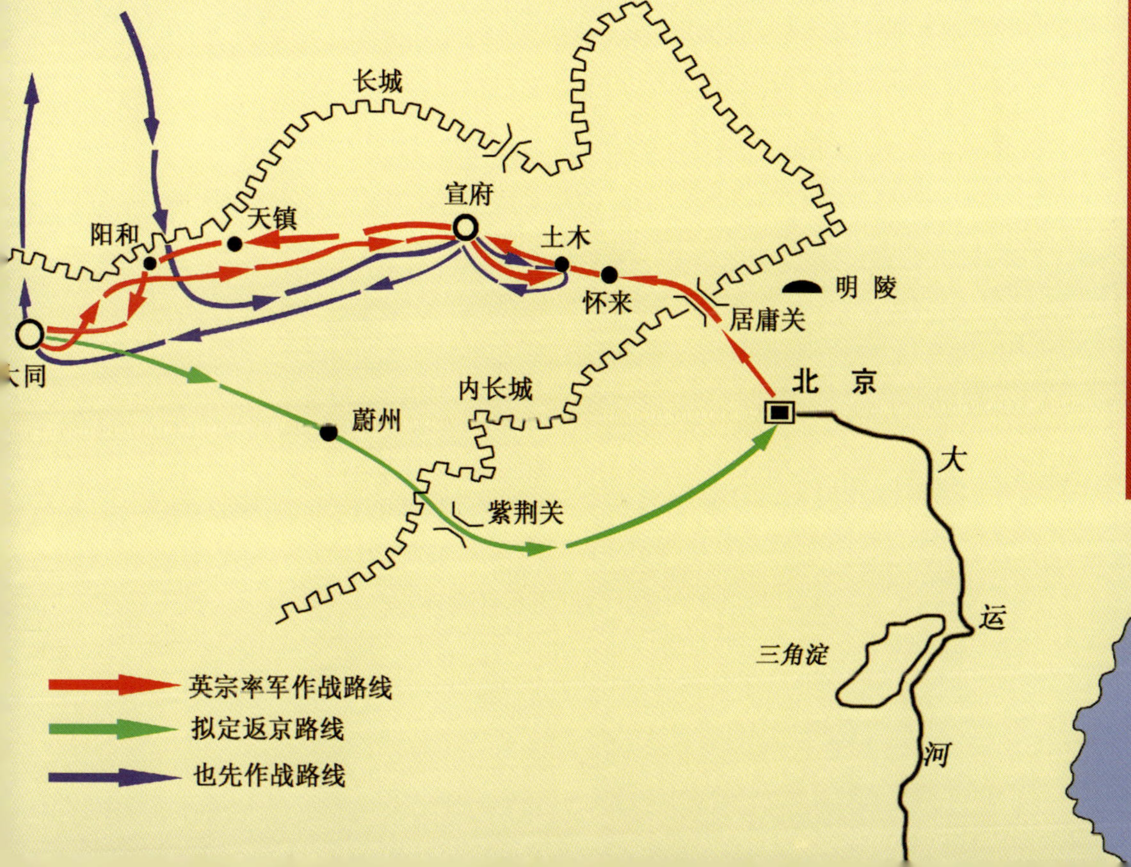

英宗北征路线图

此前大同一战，西宁侯宋瑛、武进伯朱冕战死，监军宦官郭敬是王振私党，藏匿在草中，才得以逃命。他秘密劝阻王振，王振才下令班师。王振是蔚州人，想要衣锦还乡，于是取道蔚州返京。后来又考虑到五十万大军会践踏坏地里的庄稼，于是又改道宣府。也先率众追至土木堡，距离怀来县城仅二十里。群臣欲入保怀来，王振检点辎重，尚有千辆落在后面，命驻军等待。官军饥渴难当，掘井二丈余仍不见水。而附近水源已被瓦剌控制。敌人越聚越多，形势紧急。敌军为麻痹明军，遣使假意议和，王振不听众臣劝阻，竟然同意。将士四散寻找水源，就在这时敌军杀到。整个战役，由于王振越俎代庖、指挥无能和骄傲轻敌，明军在土木堡战败，五十万大军几乎全军覆没。英国公张辅、尚书邝野等人阵亡，王振也死于乱军之中，英宗被俘，史称此事件为“土木之变”。

王振究竟是怎么死的呢？《明史》卷 304《王振传》记载，正统十四年（1449 年），“瓦剌兵追至，师大溃。帝蒙尘，振乃为乱兵所杀。”此处“乱兵”，语焉不详，尚难判断是敌是我。不过，值得庆幸的是，《明史》卷 328《外国九・瓦剌》记载较为详细：“敌见大军止不行，伪退，振遽令移营而南。军方动，也先集骑四面冲之，士卒争先走，行列大乱。敌跳阵而入，六军大溃，死伤数十万。英国公张辅、驸马都尉井源、尚书邝野、王佐、侍郎曹鼐、丁铉等五十余人死之，振亦死。”因此可以判断，王振是死于也先发动的突然袭击。

败讯传到京城，群臣驳斥了侍讲徐珵南迁的建议，就保卫京师一事达成了共识。因皇太子朱见深年仅两岁，郕王朱祁钰受命辅政，令于谦为兵部尚书。王振死党锦衣卫指挥马顺因在朝堂上维护王振，被众人当场打死。王振被诛族抄家。也先掠走英宗，要求明廷进献金银财宝，并带着英宗要挟所到之处打开城门。在这种情况下，群臣入奏太后，皇太子幼小，值此国家危难关头，断不可不立长君。太后降旨，令郕王即位，是为代宗，年号景泰（1450 年 ~1457 年），遥尊英宗为太上皇。

也先挟持着英宗，攻打京城。在于谦的领导部署下，军民同仇敌忾，齐心协力，取得了京城保卫战的胜利。由于军事失利，瓦剌与明朝的边贸停止，“挟天子以令诸侯”的梦想成为泡影。权衡利弊得失后，瓦剌放回英宗。这距英宗被俘恰好整整一年。英宗虽然被尊为太上皇，实际却被软禁在南宫。

今普渡寺 即当年英宗被囚禁的南宫旧址

景泰帝改立自己的儿子为太子，一年后太子亡故。景泰八年（1457 年），朱祁钰身染重病，卧床不起，太子之事仍悬而未决。在孙太后默许下，武清侯石亨联合宦官曹吉祥、徐有贞等人，发动政变，迎英宗登基复位，改年号天顺（1457 年 ~1464 年），史称“夺门之变”。英宗再次登基，取缔景泰年号。不久景泰帝病死，在位八年，终年三十岁，被以亲王礼安葬金山。

天顺元年（1457 年），英宗“诏复王振官，刻木为振形，招魂以葬”，并在智化寺里为之立旌忠祠。天顺六年（1462 年），又赐《大藏经》一部。英宗于天顺八年（1464 年）崩，前后在位二十二年，终年三十八岁，葬于裕陵。

景泰陵

旌忠祠位置图

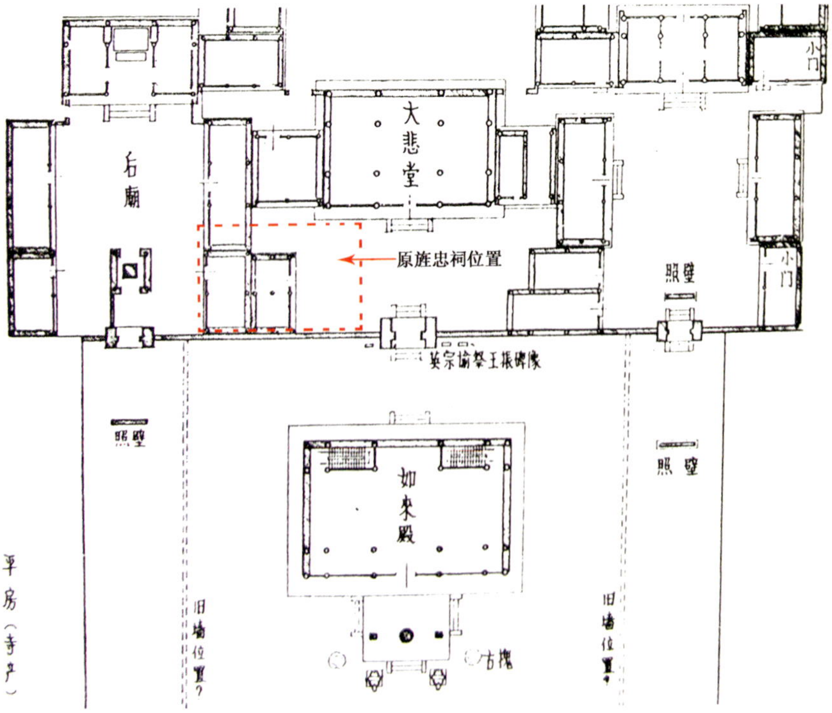

忏钟 智化寺藏
通高 40 厘米，宽 22 厘米

英宗谕祭王振碑

（碑额“皇明恩典”，下刻王振像）碑身高 1.43 米，宽 0.64 米，厚 0.14 米。碑身阴刻王振画像，面目清秀，服蟒袍玉带。天顺元年（1457 年），英宗复辟以后，出于巩固政权的目的，不仅没有追究王振的罪责，反而在智化寺内为王振立旌忠祠以祭奠。

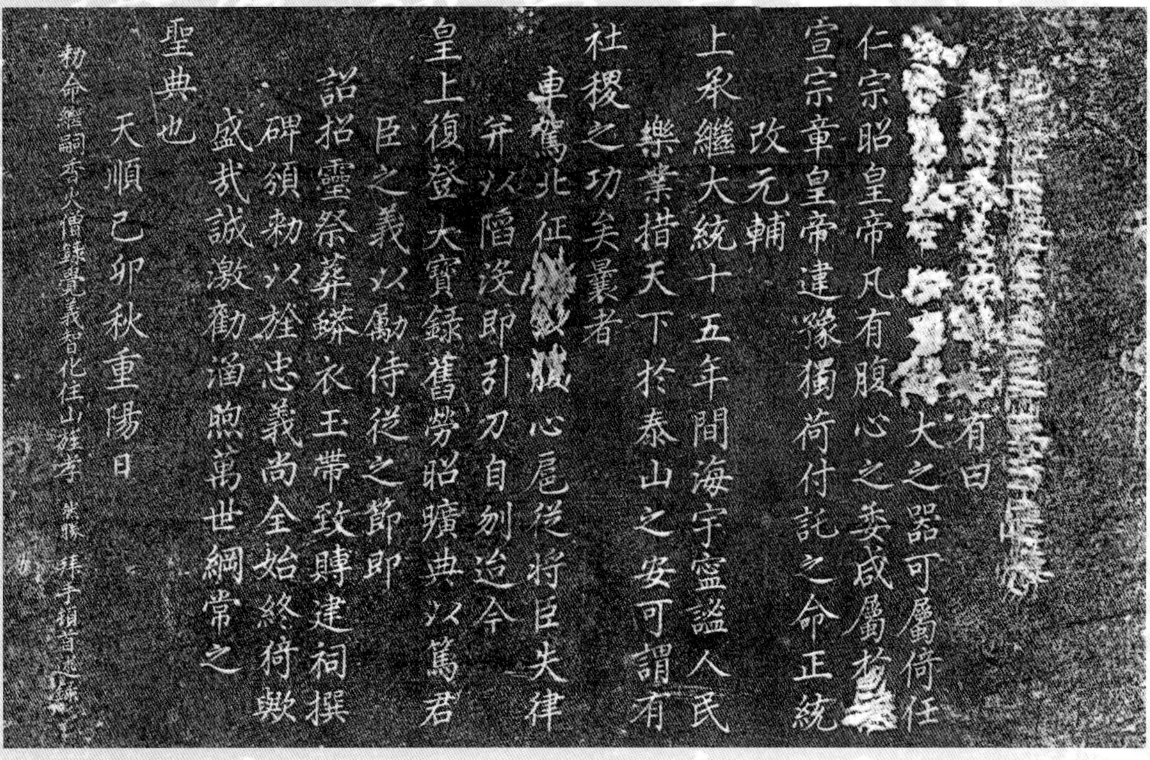
有曰
大之器可屬倚任
仁宗昭皇帝凡有腹心之委咸屬
宣宗章皇帝逮豫獨荷付託之命正統
改元輔
上承繼大統十五年間海宇寧謐人民
樂業措天下於泰山之安可謂有
社稷之功矣曩者
車駕北征
心扈從將臣失律
并以陷沒即引刀自刎迨今
皇上復登大寶錄舊勞昭贖典以篤君
臣之義以勵侍從之節即
詔招靈祭葬賜衣玉帶致賻建祠撰
碑頌勅以旌忠義尚全始終猗歟
盛哉誠激勸涵煦萬世綱常之
聖典也
天順己卯秋重陽日
勅命繼祠香火僧錄覺義智化住山旌孝
拜手稽首

王振碑录文拓片

敕赐智化寺

正统七年（1442 年），张太皇太后崩。“三杨”中的杨荣已先卒，杨士奇则因其子杀人被捕入狱而坚卧不出，只有杨溥在朝年老势孤。王振无所顾忌，越发飞扬跋扈起来。自此，明仁宗、宣宗开创的宽厚仁爱、繁荣昌盛的中兴局面刚刚露出曙光，便转入到黑暗的宦官专权时代。

据《明史》记载，明朝开国皇帝太祖朱元璋曾置铁牌于宫门，高约三尺，上铸：“内官不得干预朝政，预者斩。”王振此时命人摘去铁牌。随后，他在京城为自己建造了一所豪华的宅第，并于宅东“建智化寺，穷极土木”。智化门前竖立“敕赐智化禅寺之记”和“敕赐智化禅寺报恩之碑”两碑，碑文称：“悉捐己资，僦工市材，建兹宝刹。”“寺之建也，殿、堂、门、庑，各以序为，与夫幡幢、法具、庖（福）、廪庾之类，靡或不备。规制弘敞，像设尊严，涂暨坚完，采绘鲜丽。”王振自己出资建立的智化寺，殿堂高大，装饰豪华，佛像及各种法器一应俱全。智化寺的建筑时间“盖始于正统九年正月初九日，而落成于是年三月初一日”，竟然只用了不到两个月。建成后，王振报告给英宗，英宗于是赐名“智化禅寺”。目前山门上汉白玉横匾“敕赐智化寺”仍存，“敕赐”意为皇帝御赐的寺名，所谓“智化”就是以佛的智慧普度众生。

智化寺山门门额“敕赐智化寺”

智化寺时至今日已经度过了 570 多个春秋。虽然智化寺山门的规制是中国古代寺刹中最最普通的样式，但“敕赐”二字足以昭示它身份的贵重；昭示着在这普通山门内必定沉淀着一份独特的宝藏。

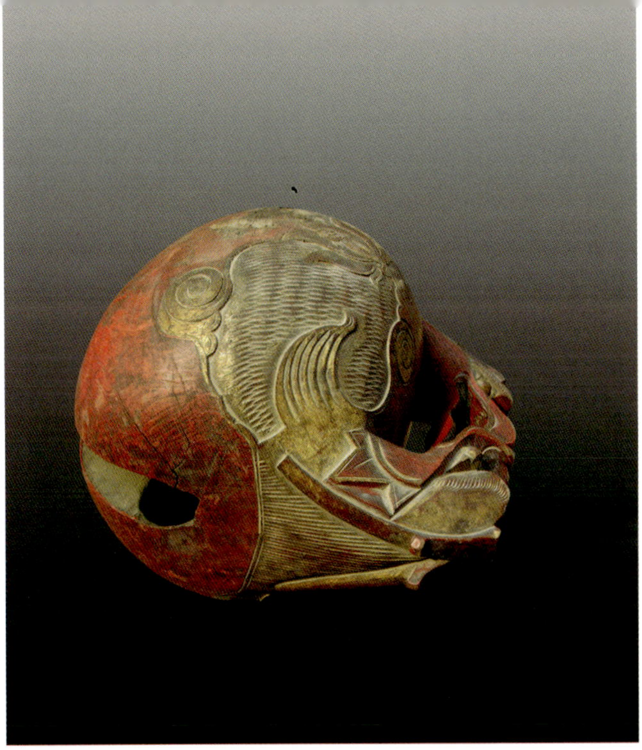

木鱼 明 智化寺藏
通高 46 厘米，宽 40 厘米

智化寺的建筑时间之短，成为一个谜团。清代的《天咫偶闻》就认为智化寺是王振舍宅而建，黄云眉的《明史考证》也持同样的看法。近代的朱启钤（字桂辛，1872 年 ~1962 年）先生颇疑王振改旧第为寺，借建寺之名，另营新宅，记中所云，乃故弄虚玄，为避免言官弹举耳。

然而《明书》曰："振族党并诛，第宅没官，改京卫武学。"由于智化寺之西就是武学胡同，如果此记载可靠，那么智化寺近旁的宅第就一直在使用。换言之，即王振舍宅建寺的可能性就很小了，至多只是舍一部分宅第。

对于短期内建成的智化寺，著名的古建筑专家刘敦桢先生给出的解释是，怀疑碑文所记开工、竣工年月，未必与事实符合。

其实，从《明史・王振传》"作大第皇城东，建智化寺，穷极土木"的行文记载推测，他建宅第、建寺院应该是统一规划。寺院早已规划完毕，而且宅第竣工后接着修建寺院，建筑材料也应该早已准备充足，因此修建寺院的过程只是纯粹的施工过程，这就大大缩短了工期。而且，王振当时是呼风唤雨的人物，修建寺院所需的人员、材料自会源源不断、绰绰有余。修建智化寺的具体情形，史籍付之阙如。不过，王振还修建过其它的寺院，可借此进行推断："初，王振佞佛，请帝岁一度僧。其所修大兴隆寺，日役万人，糜帑数十万，闳丽冠京都。"（《明史》卷 164《单宇传》）王振修建大兴隆寺之时，就"日役万人"，对于自己的寺庙自然会更加不遗余力，施工的速度自然不能以常理推测。

智化寺的住持

智化寺的最初几任住持均由僧官担任。然胜是智化寺的第一代住持。据保存至今的《英宗颁赐藏经碑》载："听尔住持右觉义然胜及其徒众看诵赞扬"。而然胜的具体身份则是"僧录司左街讲经，前奉诏校仇三藏，广善戒坛传戒宗师，智化开山特恩旌表孝行，承旨提督汉经厂教经兼敕建大兴隆寺第四代住山"。又据《日下旧闻考》引《武宗实录》："正德二年五月，陞僧录司右觉义性道为右讲经佥押管事兼智化寺住持。寺乃故太监王振所建，天顺初赐振碑文，立旌忠祠于寺内，以僧官主之，至性道三传矣。"可见智化寺自正统创年间创立后，至正德初年，前后五十余年间，因英宗宠眷及诸阉维护，悉以僧官主持。性道之后，因史籍缺载而不可考。

历代住持表

排　序	住持法号
第一代	然胜
第二代	常钦
第三代	性道
……	……
第九代	隆铉苍公
……	……
第十一代	笃修德公
……	……
第十三代	宗果
……	……
第十五代	容乾
……	……
第二十四代	宗权
第二十五代	普远

智化寺建立以来的修整记录非常缺乏。在山门石额西侧有“万历五年三月三日，司礼监管监事，兼掌内府供用库印，提督礼仪房太监郑真等重修”，可知明末此寺复经群阉修治。此外，刘敦桢先生在调查智化寺时，在大悲堂中发现康熙朝重修牌，高 0.24 米，宽 0.13 米，题：“第十三代住持宗果、宗玉、宗宝、法徒辅远，近举进士第顺化观，法孙、法清、西、悦、固、永、演，康熙二十年二月初一日开工，重修极乐殿日期记。”不过，此次修缮是仅限于极乐殿，还是寺院全部建筑，尚属不明。

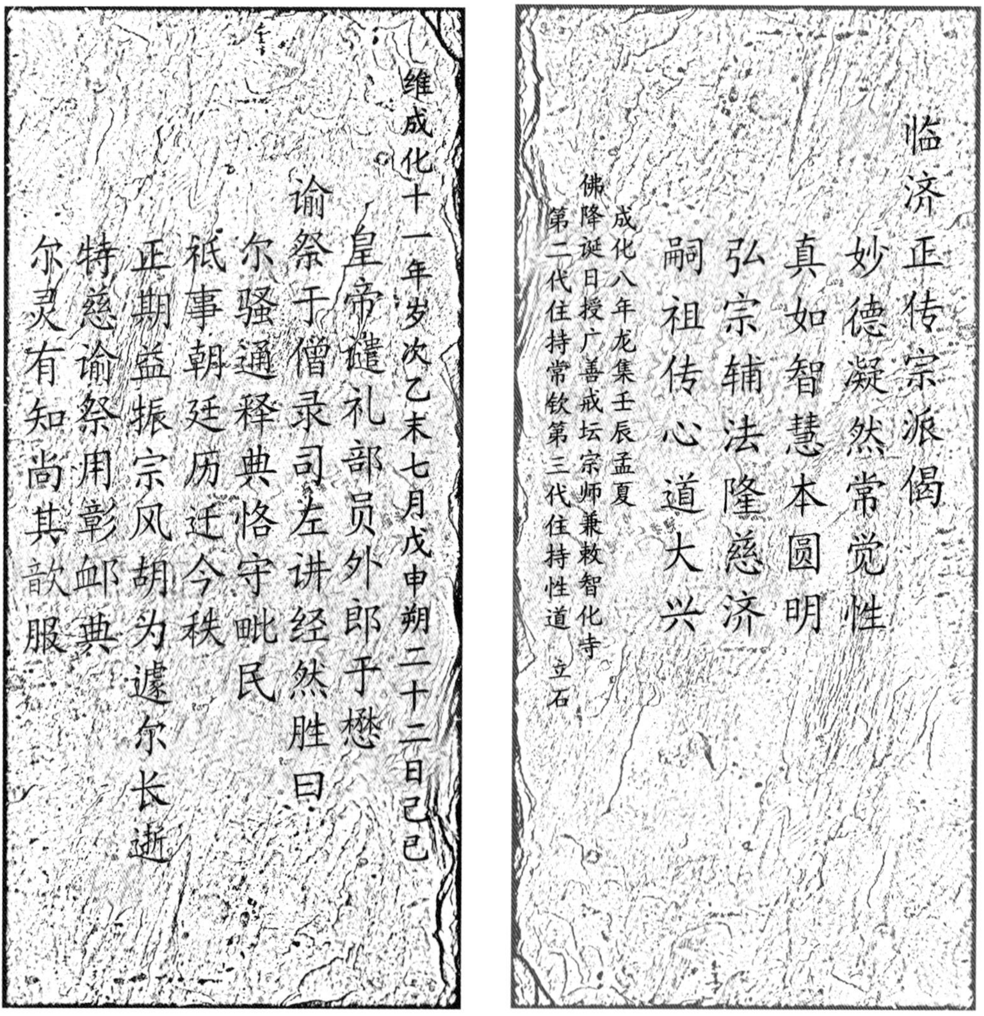
维成化十一年岁次乙未七月戊申朔二十二日己巳
皇帝遣礼部员外郎于懋
谕祭于僧录司左讲经然胜曰
尔骚通释典恪守毗民
祇事朝廷历迁今秩
正期益振宗风胡为遽尔长逝
特慈谕祭用彰恤典
尔灵有知尚其歆服

临济正传宗派偈
妙德凝然常觉性
真如智慧本圆明
弘宗辅法隆慈济
嗣祖传心道大兴
成化八年龙集壬辰孟夏
佛降诞日授广善戒坛宗师兼敕智化寺
第二代住持常钦第三代住持性道 立石

智化寺第一代住持然胜碑录文（参照刘敦桢的《北平智化寺如来殿调查记》录文复制）

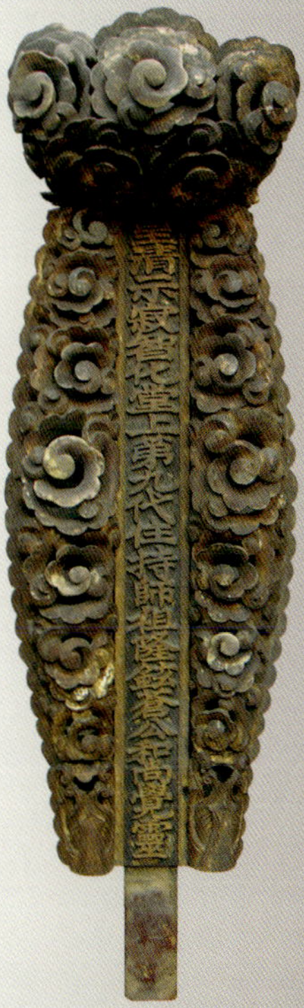

智化寺第九代住持牌位

“皇清示寂智化堂上第九代住持师祖隆铉苍公和尚觉灵”

智化寺第十一代住持牌位

“皇清示寂钦命赐紫内万善殿正住持掌僧录司印兼智化堂上第十一代师祖笃修德公和尚觉灵”

御史沈廷芳与智化寺

智化寺数百年间香火不绝、法事不断，善男信女出出进进，热闹非凡。直到清乾隆七年（1742年），协理陕西道事、山东道监察御史沈廷芳（1692年~1762年），路过禄米仓胡同，见到智化寺“其后殿西庑，逆振之像，俨居高座，玉带锦衣，香火不绝。殿西檐下现有英宗谕祭之碑，褒其忠义”。沈廷芳曾经参与《明史》的校阅工作，熟知王振专权害国，“观览之下，不禁发指”。出于对宦官专权“渎乱朝纲”的憎恨，他上奏皇帝，请求仆毁王振塑像、拉倒石碑，“以示惩创”。这一奏议获得了乾隆皇帝的批准。

乾隆皇帝像

乾隆皇帝（1711年~1799年），爱新觉罗氏，讳弘历，是雍正帝第四子。乾隆帝施政宽猛相济，开创了中国封建社会最后一个盛世——“康乾盛世”。

沈廷芳奏请仆毁王振塑像折录文：

协理陕西道事、山东道监察御史臣沈廷芳谨奏：为前朝之逆阉塑像犹存，亟请敕毁，以儆奸邪，以垂惩戒事。臣闻：王者之政，旌别宜先，故有恶必瘅，时代虽遥，犹加毁斥，凡所以树风声也。臣向居词馆，校阅明史，告竣之后，旋蒙恩赐，得以偏观。窃查英宗后纪云：天顺元年冬十月丁酉，赐王振祭葬，立祠曰旌忠。振本传云：作大第于皇城东，建智化寺，穷极土木。后振为乱兵所杀，英宗复辟，念振不置，赐祭招魂以葬，祀之智化寺，祠曰旌忠等语。夫振之罪恶滔天，古今共愤。迹其窃柄弄权、肆奸纳贿、构衅瓦剌，乘舆播迁，致令宗社几倾，罪孽尤极，身既丧亡、家亦族灭。论世者犹以为死有余辜，太息痛恨。乃英宗犹谓其为国殉节，迭加身后之恩，以致后来宦竖横行，转相则效。如汪直、刘瑾，魏忠贤诸逆，闻风而起，卒至渎乱朝纲，囚奴正士，中原涂炭，民不聊生。较之汉唐，其祸更烈。溯厥源流，皆由振始。是逆恶王振，固明代之罪人，实万世之炯戒。臣既读明史，深切感叹。近因公事，经行海岱门内之禄米仓前，则见智化寺岿然尚存，规模实钜。其后殿西庑，逆振之像，俨居高座，玉带锦衣，香火不绝。殿西檐下现有英宗谕祭之碑，褒其忠义；大殿前则建李贤所撰智化寺碑，称其丰功大节，几于杀身成仁。观览之下，不禁发指。伏思我朝家法，治化清明，寺人奉职惟谨，不敢稍干外政，此诚度越汉唐，迈迹三代。臣恭闻圣祖仁皇帝赐题于谦之碑，嘉其忠贯日月，义壮山河；而台臣张瑷奏请削平魏忠贤墓，并仆其碑。奉旨：魏忠贤墓着交与该城官员仆毁铲平，该部知道，钦此。旌别之义，千古常昭，中外快心，迄今仰颂圣德。今兹光天化日之下，大都首善之邦，岂容尚留秽像，猥称祠祀，其何以儆大慝，昭宪典？况信史既行，褒贬显著。虽仅属前代余慝，不足重烦睿虑，而大义所在，必须昭示。伏祈敕下地方有司，立毁其像，投诸水火，并仆李贤之碑，以示惩创。至英宗之碑，并请移置他所理瘗，俾天下后世，凛然知凶恶之徒，且不能保其像于身后，而圣明瘅恶之义，炳如日星，严如斧钺，咸知鉴戒于奕冀矣。臣因此等事，世道人心所关，既有所见，不敢隐匿，仰恳皇上睿鉴施行，谨奏。乾隆七年正月二十九日。

朱批：著照所请，行该部知道。

智化寺鼓楼历史照片 摄于 20 世纪 20 年代

此后，智化寺变得破败不堪，尤其经历了 1900 年“八国联军”的拆毁，寺院建筑更是残败，往日神采飞扬的佛像蒙上了厚厚的尘土，参天的古柏被砍伐殆尽。民国时期，智化寺内的僧人只有靠出租房屋维持生计。北平沦陷以后，寺内情况更加恶化，院内住着卖羊肚的、卖蚕豆的、煤厂工人等各种小生意人家，佛殿内经常停放棺柩，尘土垃圾、污泥秽水，狼藉满地。

刘敦桢先生在智化寺的考察

刘敦桢先生（1897 年 ~1968 年）是中国当代著名的建筑学家，同梁思成先生（1901 年 ~1972 年）共同奠定了用现代科学方法研究中国古建筑遗产的基础，在我国建筑界有“南刘北梁”的盛誉。

我国北宋时期有将作监李诫于元符三年（1100 年）完成编修、崇宁二年（1103 年）经过皇帝批准刊印的《营造法式》，清雍正十二年（1734 年）有清工部颁布的《工程做法则例》，而元明两代没有留下建筑方面的规范。研究此时期的建筑，只能求助于实物。智化寺虽经屡次翻修，却仍保留着明初规制，为研究明代建筑提供了极好的实例。

刘敦桢（1897 年 ~1968 年）

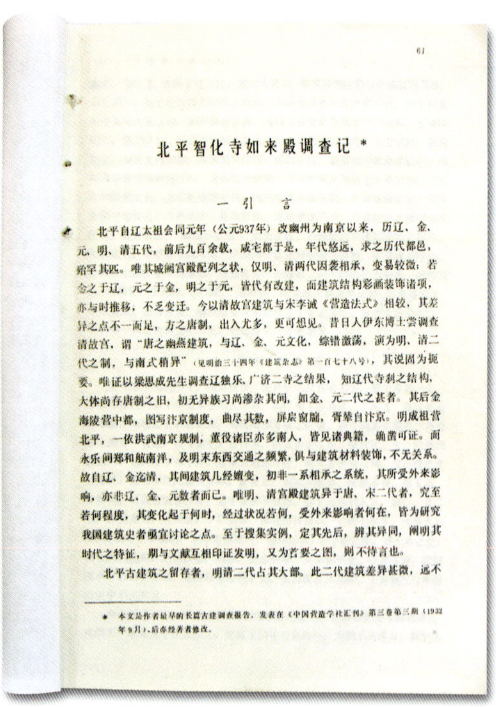

61

北平智化寺如来殿调查记 *

一 引 言

北平自辽太祖会同元年（公元937年）改幽州为南京以来，历辽、金、元、明、清五代，前后九百余载，咸宅都于是，年代悠远，求之历代都邑，殆罕其匹。唯其城阙宫殿配列之状，仅明、清两代因袭相承，变易较微；若金之于辽，元之于金，明之于元，皆代有改建，而建筑结构彩画装饰诸项，亦与时推移，不乏变迁。今以清故宫建筑与宋李诫《营造法式》相较，其差异之点不一而足，方之唐制，出入尤多，更可想见。昔日人伊东博士尝调查清故宫，谓“唐之幽燕建筑，与辽、金、元文化，综错激荡，演为明、清二代之制，与南式稍异”（见明治三十四年《建筑杂志》第一百七十八号），其说固为扼要。唯证以梁思成先生调查辽独乐、广济二寺之结果，知辽代寺刹之结构，大体尚存唐制之旧，初无异族习尚渗杂其间，如金、元二代之甚者。其后金海陵营中都，图写汴京制度，曲尽其数，屏扆窗牖，胥辇自汴京。明成祖营北平，一依洪武南京规制，董役诸臣亦多南人，皆见诸典籍，确凿可证。而永乐间郑和航南洋，及明末东西交通之频繁，俱与建筑材料装饰，不无关系。故自辽、金迄清，其间建筑几经嬗变，初非一系相承之系统，其所受外来影响，亦非辽、金、元数者而已。唯明、清宫殿建筑异于唐、宋二代者，究至若何程度，其变化起于何时，经过状况若何，受外来影响者何在，皆为研究我国建筑史者亟宜讨论之点。至于搜集实例，定其先后，辨其异同，阐明其时代之特征，期与文献互相印证发明，又为首要之图，则不待言也。

北平古建筑之留存者，明清二代占其大部。此二代建筑差异甚微，远不

* 本文是作者最早的长篇古建调查报告，发表在《中国营造学社汇刊》第三卷第三期（1932年9月），后亦经著者修改。

《北平智化寺如来殿调查记》书影

1931 年夏，刘敦桢先生以南京中央大学建筑系主任的身份来北平调查古物，“闻城东有智化寺创于明正统间，虽墙垣倾颓，檐牙落地，而规范犹间有存者”，于是进行了初步测绘，智化寺成为他调查北平的第一处古建筑。当时梁思成、刘南策等人都曾参与。次年秋天，他发现脱误不少，又重行订正补缀，完成了《北平智化寺如来殿调查记》一文，认为：“如来殿之外形虽大体与清代一致，其细部手法尽多特异之点，就中与清式异者每不乏与宋式类似，则明代北平建筑，虽受金、元两代影响，仍未尽忘旧时矩，故宋明之间，不能谓为毫无因袭相承之关系，此殿亦不失为过渡时代之例也。”此文成为研究智化寺建筑的重要文献。

新中国成立后智化寺的新篇

1955 年，北京市文化局工程队进驻智化寺，迁走院内住户。1957 年，智化寺被公布为北京市第一批古建文物保护单位。1958 年，北京市政府拨款整修智化寺。1961 年，国务院公布的第一批全国重点文物保护单位仅 180 处，而智化寺被列入古建筑类，榜上有名。1982 年，北京智化寺文物保管所成立。1986 年，国家文物局拨款全面整修智化寺。1992 年，在智化寺原址上成立的北京文博交流馆，其建馆宗旨是成为文博信息交流的窗口，包括北京地区博物馆馆际之间的交流、博物馆与民间收藏组织和民间收藏家之间的交流等等。

2005 年，为了配合北京迎接 2008 年人文奥运文物保护工作的主旨，北京市文物局给智化寺古建及馆藏文物保护拨付经费，目前下架油饰、壁画保护、寺内佛像、经书、木质家具等修复工程已告竣工，得到有关专家和观众的好评。

1958 年北京市政府拨款整修智化寺

1986 年修缮智化寺，工人正在清理埋在地下一米深的石狮子

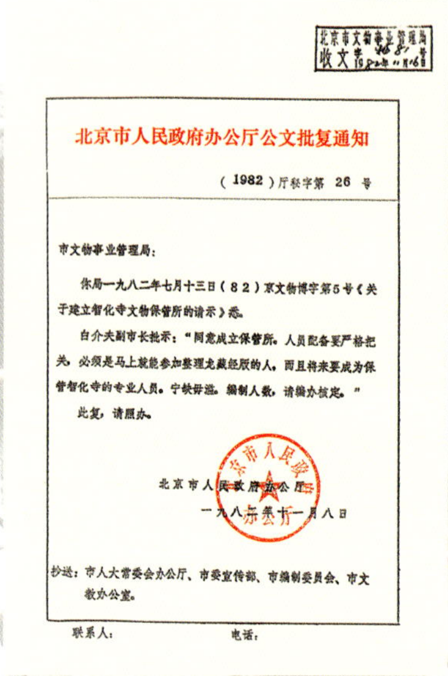

北京市文物事业管理局
收文 号

北京市人民政府办公厅公文批复通知

（1982）厅秘字第 26 号

市文物事业管理局：

你局一九八二年七月十三日（82）京文物博字第5号《关于建立智化寺文物保管所的请示》悉。

白介夫副市长批示："同意成立保管所。人员配备要严格把关，必须是马上就能参加整理龙藏经版的人。而且将来要成为保管智化寺的专业人员。宁缺毋滥。编制人数，请编办核定。"

此复，请照办。

北京市人民政府办公厅

一九八二年十一月八日

抄送：市人大常委会办公厅、市委宣传部、市编制委员会、市文教办公室。

联系人：　　电话：

关于建立北京智化寺文物保管所的批复

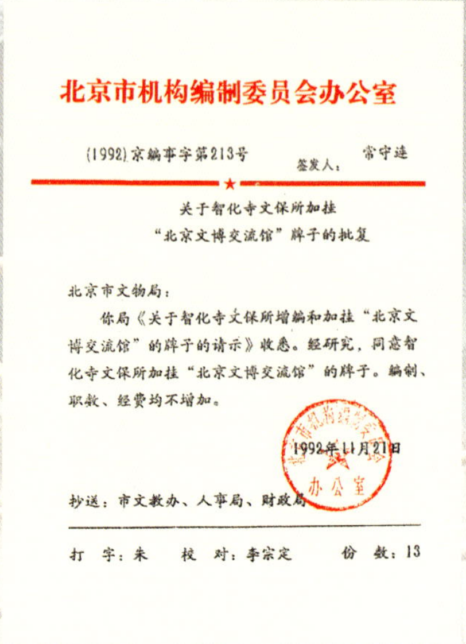

北京市机构编制委员会办公室

(1992) 京编事字第213号　　签发人：常守连

关于智化寺文保所加挂
"北京文博交流馆"牌子的批复

北京市文物局：

你局《关于智化寺文保所增编和加挂"北京文博交流馆"的牌子的请示》收悉。经研究，同意智化寺文保所加挂"北京文博交流馆"的牌子。编制、职数、经费均不增加。

1992年11月21日

抄送：市文教办、人事局、财政局

打　字：朱　　校　对：李宗定　　份　数：13

关于智化寺文保所加挂"北京文博交流馆"牌子的批复

2002 年智化寺下架油饰工程是北京市文物局人文奥运项目之一

2004年4月6日，荷兰首相扬·彼得·巴尔克嫩德（右二）应国务院总理温家宝邀请访华时，专程来到智化寺，欣赏智化寺京音乐

1952年年底，查阜西、杨荫浏等人采访智化寺京音乐，认为“最晚也和北宋的‘鼓吹教坊’有关”。1954年，京音乐研究会成立。1986年3月，在佛教领袖班禅、赵朴初的支持下，成立以演奏智化寺京音乐为主的北京佛教音乐团，这是我国第一个以佛教音乐学术研究和演出为主的音乐团体。1987年1月，智化寺音乐艺僧应邀赴德国、法国、瑞士等国家的七个城市访问演出，获得极大的成功。为了传承这种“难学、易忘、少人知”的古老音乐文化，使京音乐后继有人，1991年12月，在上级领导部门北京市文物局及有关部门的支持下，河北省固安县李让乡屈家营村六名农民子弟开始入寺学习京音乐。多年来，京音乐多次在北京音乐厅、国家图书馆音乐厅演奏。2004年4月6日，荷兰首相扬·彼得·巴尔克嫩德应国务院总理温家宝邀请访华时，专程来到智化寺，欣赏智化寺京音乐。为了保护京音乐，2004年年底，81岁高龄的智化寺京音乐第二十六代传人张本兴带领着学习智化寺京音乐已有十几年之久的六名弟子参加了CD专辑的录制工作。为了保证录音品质，展现智化寺京音乐原貌，特意进行分轨录音，旨在全面系统地保留目前仅存的43首京音乐资料，使古老的音乐得以传承延续。

智化寺京音乐每天在智化殿公开演出两场

【第三部分】

毗卢遮那的光明世界

毗卢遮那为佛真身的尊称，译为光明遍照、遍一切处或大日，即佛如世间之日，能除一切暗冥，生长一切万物，成一切众生事业，是密教将宇宙实相佛格化而成的根本佛。华严宗以毗卢遮那为莲花藏世界教主，也是包含十方诸佛的法身佛。明代多以毗卢遮那、卢舍那、释迦三佛，配于法、报、应三身。

如来殿

如来殿内释迦牟尼佛、大梵天与帝释天

如来殿、万佛阁矗立于智化寺第三进院落。一底一楼，同一建筑上下异称，是智化寺中轴线上最大的建筑。周围院落空旷，殿前的两座无字石碑，龟趺螭首，颇丰伟，与东面的明代古槐对应成伴。日暮时分，在满天的晚霞中，树阁相映，碑楼交辉，寂静的院落越发显得古朴雄浑、肃穆悲凉。如来殿门前的长方形月台中央有一座铁质大香炉，乌黑浑厚，炉身铸八卦仙鹤纹，口沿处铸有“大明万历贰拾捌年孟春正月吉日造”铭文。

如来殿内供奉释迦牟尼佛本尊像，因此得名如来殿。殿为上、下两层，四面墙壁上除门窗外饰满佛龛，龛内置木质金漆小佛造像，相传有九千余尊，因此又得名万佛阁。如来殿坐北朝南，下层面阔五间；上层面阔三间，进深七檩，拱券式门窗，三交六椀菱花格隔扇，门上陡匾，书“万佛阁”三字。覆庑殿式顶，门外周遭有廊，围以宝瓶护栏，下垂挂滴珠板。

殿内古色古香的浓郁气氛紧紧摄住每一位参观者的心。其陈设，从贴金的佛像、拨金的侍者，到雕凿精美的神案、经橱；从连天接地的万佛龛，到井口天花的六字真言彩绘……全部是明代艺术风范的原状保留，未曾有过任何粗拙的修饰加工。殿内正中设有木质八角形须弥座，上面供奉端坐在莲花座上的释迦如来本尊，通高4米有余，左手横放在足上，表禅定；右手五指平伸，轻抚右膝，表降魔。佛像面容丰腴，双目熠熠有神，历经五百余年的沧桑巨变，没有了初建时的奢华装饰、消除了多年失修的破损，显露出一份古朴典雅、泰然若定的安详。

如来殿前八卦云鹤纹铁香炉　明万历

南無妙色身如来
南無寶勝如来
梵王

释迦牟尼佛（局部）

铁香炉铸款“大明万历贰拾捌年孟春正月吉日造”

八卦云鹤纹铁香炉（局部）

八卦云鹤纹铁香炉

供案上铁香炉铸款“正德九年造 智化寺常住”

神案上铁香炉 明正德

如来殿内云鹤纹供案

無阿彌陀

大梵天与帝释天

释迦牟尼佛左右站立着两位侍者：左面为大梵天，持拂尘 ；右面为帝释天，持宝杵。两塑像均站在木制须弥座上，身体前倾，通高 3.5 米。明清寺院中，释迦胁侍多是弟子迦叶、阿难，或塑文殊、普贤二菩萨，而像智化寺大梵天、帝释天相对为侍的配置，在北京现存寺院中绝无仅有。此配置仅在南宋宗鉴《释门正统・塔庙志》中有见。由此可见，智化寺作为明前期的寺院，保留有南宋佛教文化的遗风，这对于研究寺院发展史具有非常重要的意义。

大梵天面部

帝释天面部

帝释天右侧衣袖纹饰

由于智化寺特殊的历史背景，其彩绘和雕塑艺术不仅表现出强烈的宗教色彩（如转轮藏），又带有浓重的世俗社会气息。二塑像的衣饰，用细腻的工笔手法，以红色做底，以金、青、黑等色描画，绘有龙、凤、狮子、麒麟、奔马、仙鹤、喜鹊等吉祥动物纹饰，也有莲花、牡丹、果枝、花盆、花瓶、什锦瓶插等吉祥植物、器物纹饰。每一个衣纹平面都是一个完整的画面，形成一幅独立的寓意吉祥的图案，上下错落，左右相间。比如大梵天像上绘有“龙凤呈祥”“喜鹊迎春”；帝释天像上绘有“双凤戏牡丹”“狮子滚绣球”等。

大梵天左侧衣袖“喜鹊迎春图”纹饰

帝释天前衣摆上“狮子滚绣球”纹饰

大梵天左侧衣袖上“麒麟”纹饰

万佛阁上三身佛

如来殿后有东、西两座楼梯，窄窄的木梯几乎垂直而上。经过小心的攀登，来到二层时，眼前的佛国世界让人的心境空明澄净。只见中央重重叠叠的莲花瓣中端坐着三身佛，四壁密密严严的万佛龛中摆满漆金小佛像，阳光透过南面拱券式门窗和三交六椀菱花隔扇星星点点洒进来，散在墁地方砖上，显得万佛阁内的世界一派宁静祥和。

万佛阁三交六椀菱花窗

万佛阁抱柱联

万佛阁金柱挂抱柱联一副，上联：“虔登梵阁遍游于华藏之天”，下联：“钦仰慈容礼拜于刹尘之佛。”品味对联的含义，可以看出万佛阁实际是明代寺院常有的毗卢阁，“华藏之天”是佛国世界中“莲花藏世界”的简称。毗卢遮那佛即是“莲华藏世界”的教主，据称由于光明灿烂，人人在那里都可成佛。

万佛阁中间佛坛为八角形木制须弥坛，供木质漆金毗卢遮那佛，下托莲瓣千朵。整个佛像连须弥坛通高约 4.9 米，雕塑精美。其左右分别是卢舍那佛、释迦牟尼佛。这是大乘教理表示释迦牟尼佛的三种不同的“身”，即“法身、报身、应身”。毗卢遮那佛是法身佛，此云遍一切处，表示绝对真理就是佛身；卢舍那佛是报身佛，此云光明普照，表示证得绝对真理而自受法乐的智慧是佛身；释迦牟尼佛是应身佛，此云能仁寂寞，表示随缘教化不同众生。三身佛实为释迦牟尼一身。

万佛阁内全景

毗卢遮那佛（局部） 明

毗卢遮那佛 明

毗卢遮那佛为梵语音译，意译“遍一切处”“光明遍照”，是佛法真理之身。供奉于万佛阁中央，跏趺坐于莲蓬式仰莲座上，两手置胸前结说法印，头戴叶形花冠，头顶束发髻冠。上身斜披袈裟，下身着长裙，衣纹自然流畅。右肩坦露，反搭袈裟一角，宽肩阔胸，胸前璎珞装饰繁缛，腰部略收，手腕、臂、脚踝均装饰花形钏饰。

毗卢遮那佛（局部） 明

释迦牟尼佛 明

释迦牟尼佛（局部） 明

卢舍那佛 明

卢舍那佛（局部） 明

万佛阁须弥坛

须弥坛又称须弥座。万佛阁须弥坛为木制八角形，共十一层，每层深浮雕雕刻图案各不相同，有如意卷云纹，覆莲，卷草八宝等。在第五层与第八层的转角处，分别坐有一尊力士，共十六尊，有的着盔带甲，有的袒胸露背，面目生动、肌肉遒劲、神情威猛、姿态各异，具有典型明前期风格。

须弥坛转角处力士像

须弥坛转角处力士面部

须弥坛转角处力士像

须弥坛转角处力士像

力士像背后袍裙上用拨金技法绘制的金龙纹饰

智化殿内三世佛

智化殿内三世佛

智化殿内正中和两山原有汉白玉石须弥座，中央供奉三世佛，两边供奉十八罗汉坐像，均为木质漆金，惜现已无存。1972 年，从他处移来智化寺保存的三世佛移往西山大觉寺，陈列于大雄宝殿内，该殿悬乾隆御笔匾额“无去来处”。

如今智化殿所陈列的是原位于大悲堂（原名极乐殿）的三世佛。正中一尊是释迦牟尼佛，左边是东方净琉璃世界的药师佛，右边是西方极乐世界的阿弥陀佛。此三世佛又称“横三世佛”。

三世佛又有“竖三世佛”，即过去、现在、未来为三世。正中是代表“现在”的释迦牟尼佛；东边是代表“过去”的迦叶佛；西边是代表“未来”的弥勒佛。

总的来看，现今的寺院供奉“横三世佛”的要多于“竖三世佛”。智化殿内目前所供就是“横三世佛”。

三世佛背光的底部墨书“康熙甲子春月造　秋月金完奉供极乐殿”题记

智化殿内药师佛

藏殿内毗卢遮那佛

藏殿内转轮藏顶部有莲瓣数层，上坐一尊圆雕毗卢遮那佛，面东而坐，面貌丰满秀丽，衣纹洗练流动。由于高高在上，几乎隐藏进藏殿的藻井内，因此不易被人察觉，宗教的神秘色彩极为浓重。

转轮藏顶部毗卢遮那佛

韦驮与伽蓝菩萨形象威武，工艺精湛，是古代泥塑艺术之佳品。韦驮是寺庙的主要护法神，一般供奉在天王殿弥勒佛背后，面北而立，身着甲胄，手握金刚杵，全副武装，威风凛凛。佛经中尊称他“护法韦驮尊天菩萨”。而手持青龙偃月刀，面如重枣的汉将关羽则是佛教的另一尊护法伽蓝菩萨。这反映了佛教传入中国以后与本土文化的融合。

韦驮

伽蓝

佛像修复工程

由于馆藏的佛像存在不同程度的结构不稳、部件缺损、积灰严重，以及颜料层、油漆层及地仗剥落、龟裂、空鼓等问题，2003 年 9 月，经北京市文物局批准，按照搜集的智化寺历史照片，遵守“最小干预”“可再处理”和“不改变文物原貌”“不做创造性修复”的原则，以消除病害为目的，依原样恢复。在不影响结构稳定的基础上，尽量少作添加和补配。修复的流程为除尘（或清洗）、补配缺失部件、加固、按照原工艺做法补齐地仗及颜料层、做旧。此外，还通过现代科学手段检测了佛像的材质，其中包括木材鉴定、表面颜料、涂料成分分析等。佛像修复工程历时一年，将残存的缺损件及装饰附件复原归位。

补配局部缺失部件

将原倾斜过度的大梵天像进行调整

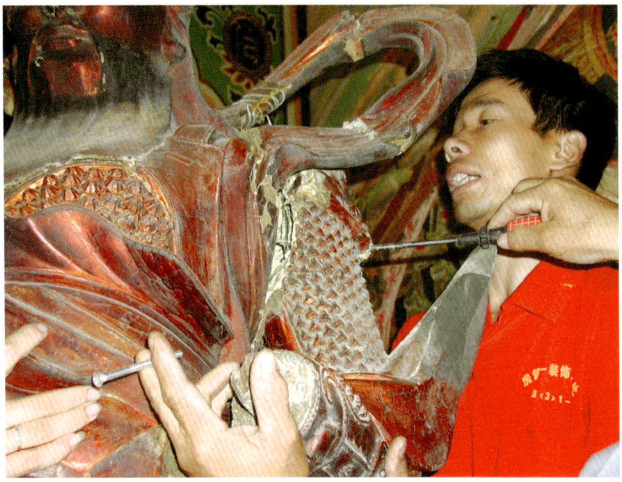

组装佛像脱落部件

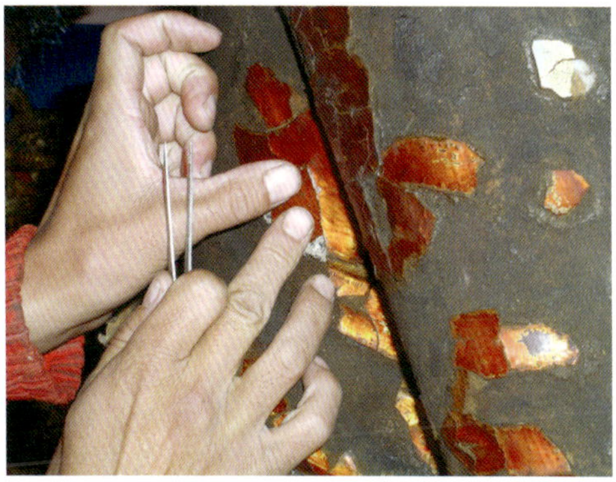

用油满粘贴脱落的金漆层

我国传统“一麻五灰”工艺之一的轧麻，用以增加地仗强度防止开裂

铜鎏金阿弥陀佛 明

通高 38 厘米，佛像铜质厚重，结跏趺坐，面部饱满丰润，螺发大耳，神态慈祥端庄，身披通肩式袈裟，上饰缠绕花卉纹饰，衣纹流畅，双手结禅定印。

木雕贴金大日如来坐像（残）明

通高 52.5 厘米，大日如来佛音译为摩诃毗卢遮那，又名毗卢遮那佛，是佛陀的清净法身（三身之一），有除暗遍明的功德，其含义为光明遍照，遍一切处。说明如来智慧如日光遍照一切，为大光明的象征。

木雕彩绘大威德金刚（背面） 明

木雕彩绘大威德金刚（正面） 明

通高 38 厘米，大威德金刚为无上瑜伽部学派主要本尊，汉译为大威德明王，俗名牛明王，在密宗里被视为文殊菩萨化身的愤怒相。大威德金刚显相恐怖，九面、三十四臂、十六只腿，足呈左伸右屈状，獠牙外露，须眉似火，以骷髅为冠饰，以鲜人头为项饰。此塑像以中心点发射状的造型形象，极具动感和视觉冲击力，充分展现了大威德金刚能制服毒龙、断除一切障碍等勇猛的威力。

铜鎏金阿难立像 明

通高 19 厘米，阿难是释迦十大弟子中最年轻的一位，全称“阿难陀”，意为欢喜、喜庆。此像着宽袍衣裙，直立于莲座上，双手合掌，面部端庄丰满，神态优雅。

铜鎏金送子观音坐像 明

通高 30 厘米，铜质厚重，惜金片已掉。菩萨作倚坐状，头戴凤冠，面目慈善，凤目微睁，嘴角含笑，神态安详。宽袍长裙，颈胸装饰璎珞珠钿，双手捧一活泼健康的婴儿。送子观音题材并不见于佛教的经义，是迎合我国民众心理创造而来，成为民间广受欢迎的一种形式。

铜漆金观音菩萨坐像 明

通高 19 厘米，此像材质厚重，半结跏趺坐，宝冠搭巾，面部丰满，双目微闭，宽袍长裙，衣纹流畅，胸前繁饰璎珞，双手结施法印。

木雕韦驮像（残） 明

通高59厘米，韦驮是佛教守护神之一，亦称韦天将军或韦驮菩萨，身后有三道彩虹，为了降伏邪魔歪道，维护正法，常现金甲天神相，手持金刚杵，神态英武。

铜鎏金释迦牟尼佛坐像 明

通高 39 厘米，铜质厚重，佛祖结跏趺坐，面部饱满丰润，螺发大耳，宽额广颐，修眉长目，高鼻樱唇，神态慈祥端庄。身披通肩式袈裟，宽袍长裙，上饰缠枝花纹，衣褶流畅舒朗，左手结禅定印，右手结触地印。

铜鎏金释迦牟尼佛坐像（局部） 明

【第四部分】

佛教典籍的图书馆

馆藏佛经荟萃

智化寺是一座明代寺庙，馆藏佛经丰富，元明清三代有明确纪年的佛经都有保存。除藏有三卷珍贵的元代延祐年间官版经书外，明代各朝佛经存量颇为丰富，几乎遍及明代十六帝每个朝的年号：洪武、永乐、洪熙、宣德、景泰、天顺、成化、弘治、正德、嘉靖、隆庆、天启。总的来看，智化寺藏经中，以明代前中期的居多。明代有明确纪年的经书仅乏建文、万历、泰昌、崇祯四个年号。清代的经书有明确纪年的是康熙五年（1666年）和康熙八年（1669年）的，还有民国辛酉年（1921年）戏班演员余叔岩诚献的梵夹装《九皇盛会》。

除了《永乐北藏》官刻本、乾隆版大藏经经板外，寺中还收藏有大量明代民间坊刻本，都是由信徒供奉的，既有佛家子弟，也有官员（称“佛信官”），大量的则是生活在社会底层的平民百姓。这再次印证了明代社会佛教的盛行。这些坊刻本纸张及印刷的质量良莠不齐。

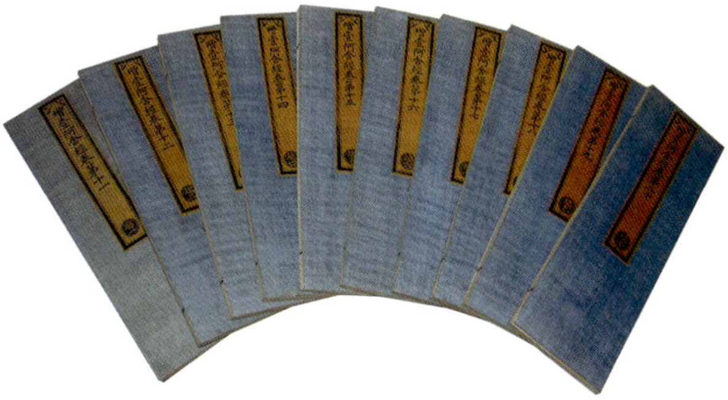

珍贵的元代佛经

1984 年，北京智化寺文物保管所所长杨文书先生从如来殿佛像的腹腔中发现三卷带有千字文编号的元代刻本藏经：《大金色孔雀王咒经》《陀罗尼集经》《大宝积经》。三经版式相同，均采用藏经纸，卷轴装。

《大金色孔雀王咒经》是保存较完好的一卷。此卷高 23 厘米，外裹蓝色粗纸书衣，上面以金字书有“大金色孔雀王咒经”经名，以及千字文顺序“积”字号，装潢异常精美。展开后，在经首竖刻有书牌，格式内容如下：

皇帝爱育黎八力八达刊印三乘
圣教经律论三十三大藏上报
列圣在天之灵仰追
释梵垂裕后昆次愿　宝祚延长
慈闱康乐盼躬是保兆民永赖一切有情咸臻善果
大元延祐丙辰三月□□日

《陀罗尼集经》和《大宝积经》

《大金色孔雀王咒经（残）

其余二卷《陀罗尼集经》为“福”字号，卷首仅存残片，版页共三十张；《大宝积经》是“鸟”字号，卷首已无，因年久受潮粘在一起，尚不能全部展开。2003 年，在北京市文物局专项经费的支持下，由文物保护专家王亚蓉先生亲自对这两卷佛经采取了回潮揭展、拼接等保护措施。目前，这两卷残藏已经修复。

回潮揭展

采用丝网加固法拼接残片

修复的最后步骤——拓裱

《大金色孔雀王咒经》卷首 元

书牌后为线刻释尊说法图：须弥座上，释尊结跏趺坐，两手作转法轮印，阿难、迦叶与八大菩萨分列两侧听法，神情专注，表相不同。整个画面长 44 厘米、宽 22 厘米，刀法娴熟，线条流畅而遒劲。

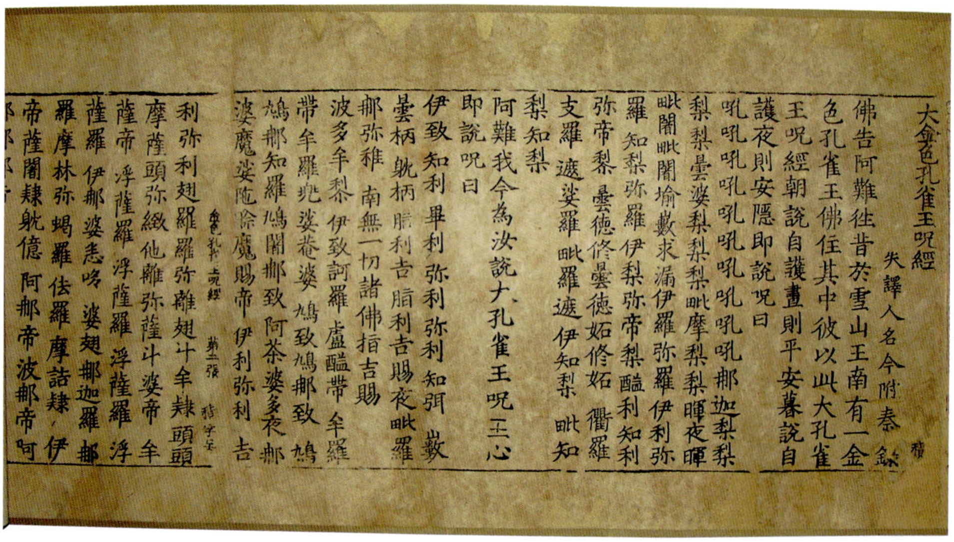

《大金色孔雀王咒经》正文

《大金色孔雀王咒经》正文行文疏朗，墨印清晰，字体采用秀丽的赵体，是典型的元代刻经。版面高 22.5 厘米至 23 厘米不等，长 48.5 厘米，上下采用单乌丝栏，无行线。在版心接缝处还刻有经名、纸张页码及千字文编号。正文共用纸十三张，每张二十三行，每行十四字，亦偶有十五字者，展开全长约 6.1 米。查此经共一卷，智化寺发现的这卷保存完整。

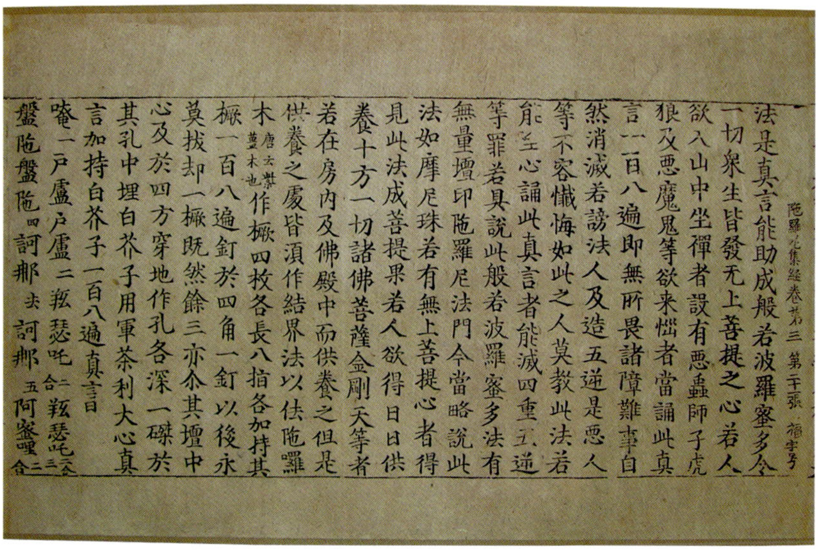

《陀罗尼集经》 元

全经共十二卷，智化寺所存为第三卷。

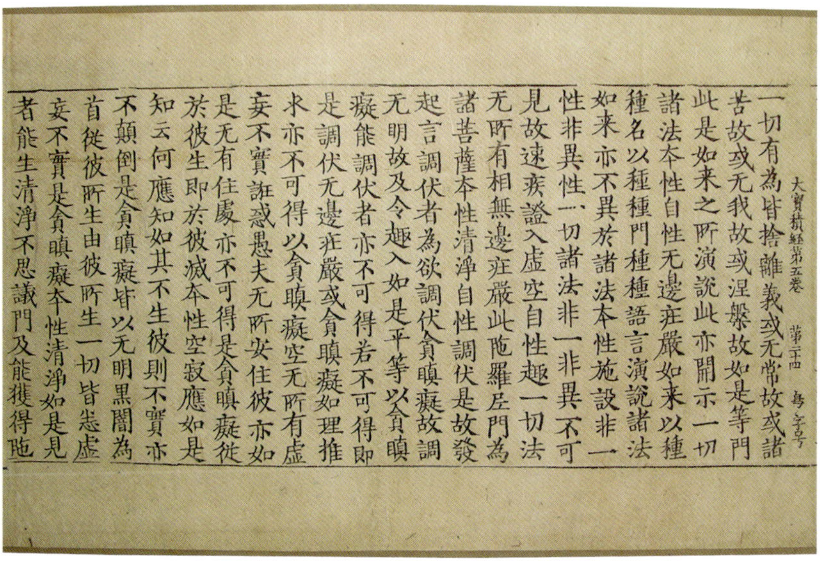

《大宝积经》 元

全经前后共一百二十卷，智化寺所存为其中第五卷。

智化寺发现的这三卷元代佛经，有三个不同的千字文序号，在书牌中使用了“刊印”一词，并明确告知总数有“三十三大藏”，这就证明了此三卷佛经不是零本，也不是采用其他旧有经板来印造的，而是一套完整的“官版大藏经”中的一部分。由于其版式与《赵城藏》相同，于是有诸多人士认为，它很可能就是人们寻访已久的《弘法藏》。

所谓《弘法藏》，即弘法寺大藏经，相传刻于元代初期的官版卷轴式藏经。据记载，这部藏经是在元世祖至元年间，将《赵城藏》的板片移至元大都，贮于弘法寺内，在此板片的基础上经补雕而形成。

此藏只见于文献资料，目前尚无印本流传。

智化寺三卷《元官藏》的面世，为《弘法藏》的研究提供了可对比的实物资料。佛教“大藏经”卷帙浩繁，数量庞大，并非短时间内能够雕刻完成。从元世祖至元三十一年（1294 年）到刊印此藏经的元仁宗延祐丙辰年（1316 年），只有短短的 22 年，在这么短的时间内，是无法完成二部《大藏经》的雕刻与刊印的。换言之，如果有《弘法藏》的存在，元仁宗就没有理由再重新雕刻刊印新的藏经了。

最近，原所长杨文书得知召开元代佛经保护论证会议，特填词一阕以表庆贺。

调寄 [水调歌头]——智化寺元代佛经保护有感

往事尚依稀，有幸再回访。寺邀文保专家，论证严把岗。三轴元代佛经，交相辉映庙堂，遗产更轩昂。延请嘉宾客，智化增灵光。　　忆往昔，众佛殿，甚凄凉。重重叠叠，文物堆置习为常。如来佛遍疮痍，恶人肆意盗脏，匆忙遗元藏。无意植梧桐，人间引凤凰。

由于《赵城藏》与元代早期官刻版藏经之间，有着很深的渊源关系，若想对智化寺所存佛经作进一步的探究与判定，尚须与存世的《赵城金藏》进行对比研究，方可得出结论。据比较发现，二者有诸多不同之处：

1. 经名不符：《赵城金藏》中《大金色孔雀王咒经》和《陀罗尼集经》，经名前俱有“佛说”二字，而《元官藏》则无。

2. 千字文编号不同：在《赵城金藏》中，“鸟”字号是《大宝积经》卷五十一至卷六十；“积”字号是《瑜伽师地论》卷六十一至卷七十；“福”字号是《瑜伽师地论》卷七十一至卷八十。而《大宝积经》卷五是“翔”字号，《佛说大金色孔雀王咒经》是“男”字号，《佛说陀罗尼集经》卷三是“效”字号，均与今发现的《元官藏》有别。

3. 扉画不同：在山西赵城广胜寺发现的《金藏》卷首扉画，释尊留有短须，八大菩萨现比丘相，无天冠，画面上多出两位护法神像。此外，与《元官藏》相比，整个画面的布局，也有所不同。

4. 题记不同：广胜寺《金藏》中题记甚多，大多为捐印人姓名。而此三卷佛经，因系“官藏”，除卷首“书牌”外，版心、卷尾均未发现有题记。

值得一提的是，此三卷《元官藏》与《至元法宝勘同总录》中的千字文编号，也不尽相同。《至元法宝勘同总录》中《大金色孔雀王咒经》是“恶”字号；《陀罗尼集经》则编为“积”字号和“福”字号，均比智化寺存本的千字文号靠前；只有《大宝积经》卷五的“鸟”字号是相同的。

通过上述所作的对比和查证，可以得出结论，在《赵城金藏》和《至元法宝勘同总录》均与之不符的情况下，这三卷《元官藏》，应出自于另外一部不知名号的《大藏经》。据此，在充分肯定这三卷佛经是元代官刻《大藏经》的前提下，将其定名为“不知名元官藏”是比较切合实际的。

崇宁通宝 北宋

佛脏与佛经

大型佛像多装有佛脏。一尊珍贵的佛像不仅要外表庄严，内在的装藏也很讲究。对于空心的佛像而言，必须如法装入各种精华物。

依装藏仪轨，装藏需要五金（金、银、铜、铁、锡等）；五宝（松石、红珊瑚、玉、水晶、玛瑙）；五药（五种珍贵药材，不得掺杂麝香和动物荤腥成分）；五木（松、柏、红檀、白檀、菩提木）与五谷、五布等，还有专门印制的五种经咒（诸佛身口意咒、吉祥满愿咒、子母音等），以及白檀木的中轴等，这是五种智、五方坛城、五蕴清净、福德圆满等的表法。在不同的佛像、不同的位置，如顶轮、喉轮、心轮等都有不同的装藏要求，不能有空置的地方。佛像装藏之后即可开光，不再打开。

总的来说，装藏的目的在于将空心的佛像以各种精华物填充，是一种殊胜加持的表示，就如同一个人必须有五脏六腑才有生命力。

陈福康在《郑振铎先生的最后一部奇书——纪念西谛先生诞辰105周年》一文中谈道："九一八"事变后，北平市里名刹法源寺的佛脏被识货的书商发现，大量盗卖。在这关键时刻，郑振铎先生知道了，赶紧不惜代价抢救保存。他购得古刻本佛、道书二百多种，其时代从宋、元朝到明嘉靖朝都有。最令他欣慰的是，其中多有木刻画，正好填补明代嘉靖朝以前中国版画史的一段空白。

智化寺也存在类似的情况。民国以后，寺里经济拮据，寺僧出租房屋，变卖寺产、藻井、院里的古树，佛脏也不能幸免。1984年，智化寺文物保管所成立后，所长杨文书先生发现如来殿如来佛背后有一打开的方孔，伸进手去，摸不到底。于是就拿来手电筒照，发现佛像的胳膊里还塞有东西，底部还有一些，便清理了出来。这其中包括后来被鉴定为一级品的三卷元代佛经以及一些唐、宋、元、明时期的钱币。

开元通宝 唐

周元通宝 后周

元丰通宝 北宋

大观通宝 北宋

熙宁元宝 北宋

绍圣元宝 北宋

绍熙元宝 南宋

正隆元宝 金

大定通宝 金

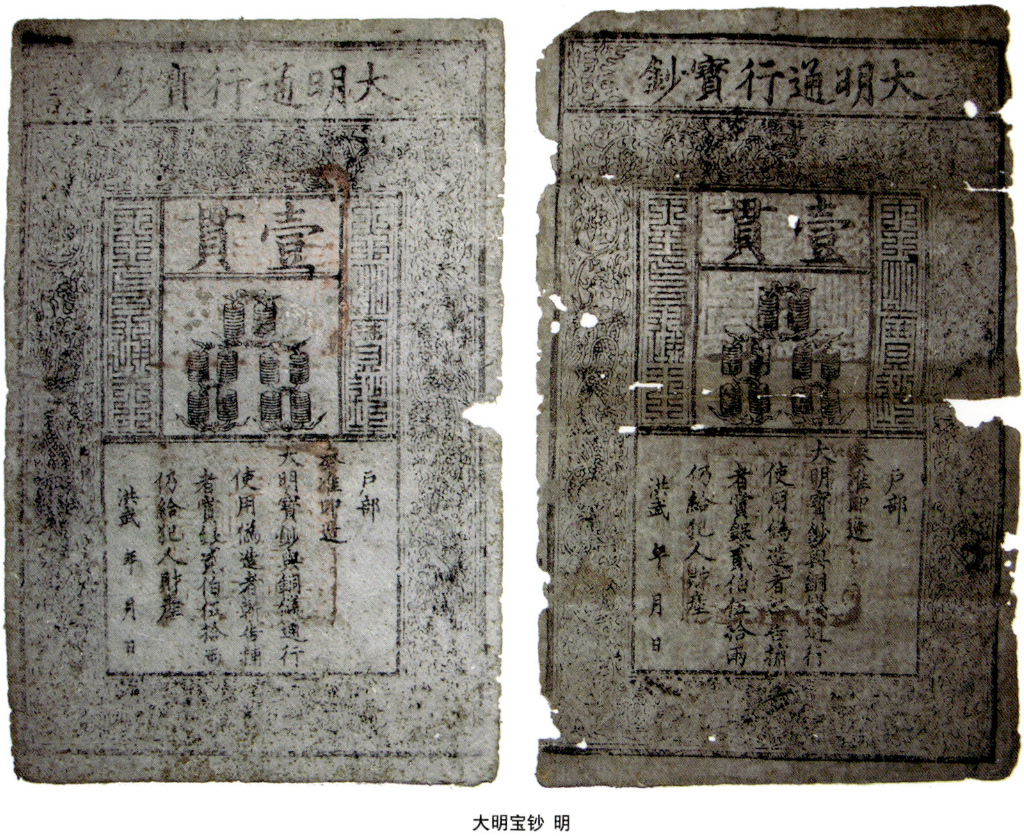

大明宝钞 明

明英宗颁赐藏经碑

《大藏经》系佛教经典的结集，虽以“经、律、论”三部分为主要内容，却涉及哲学、历史、民族、语言、文学、天文、历算、医药、建筑等诸多领域，卷帙浩繁，堪称佛教文化的“百科全书”。

御赐《永乐北藏》

《永乐北藏》，又名《北藏》。官版，明成祖永乐八年（1410 年）敕令雕印，始刻于永乐十七年（1419 年），完成于英宗正统五年（1440 年）。参与者有道成、一如等。刻藏的地点在北京，经版由司礼监掌管，藏于嵩祝寺内的汉经厂（寺内还建有收藏明版藏文《大藏经》的番经厂）。

智化寺建寺之初有两部《北藏》，分别藏于藏殿转轮藏和如来殿藏经橱内。王振死后，如来殿内《北藏》丢失，住持然胜在英宗复辟以后，启奏再次赐经，英宗同意，于天顺六年（1462 年），颁赐智化寺《大藏经》一部并立碑记，目前此碑仍矗立在如来殿。

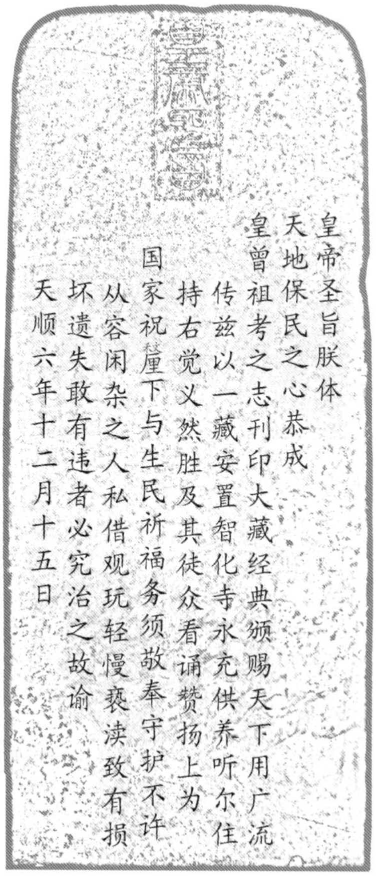

明英宗颁赐藏经碑正面录文

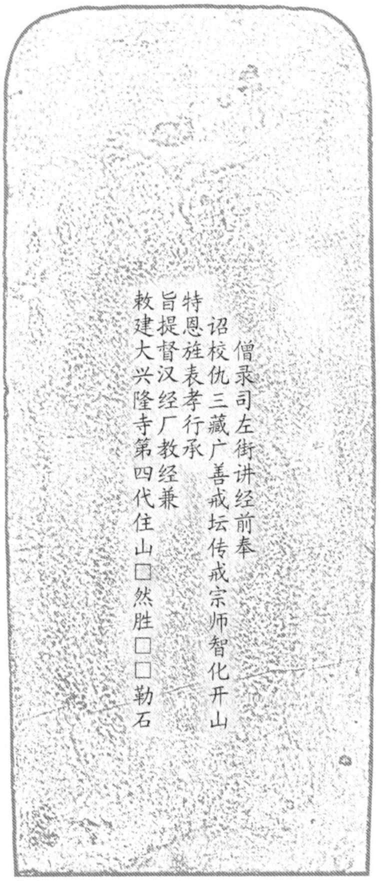

明英宗颁赐藏经碑背面录文

藏经橱顶部

如来殿内两侧有高大精美的曲尺形藏经橱，是存放英宗御赐《大藏经》用的。经橱分上、中、下三个部分：上部挑檐像佛冠，俗称“毗卢帽”；中间是经橱，共有640个抽屉，按千字文顺序排列，以便于所藏佛经的检索；下部为须弥座。雕刻主要集中在上、下两部分，以如意云纹、卷草纹、莲瓣纹、宝相花纹为主，上檐部分还有梵文真言和吉祥八宝纹饰。各部位的雕刻技法十分精细繁缛，其漆金彩绘虽已褪去，但仍有浓郁丰厚的感觉，烘托着整个大殿的宗教气氛。

藏经橱基部

《永乐北藏》参照《永乐南藏》的结构分类，但在编函（将某几部经典编为一函）方面又作了较大的调整。全藏总计六百三十六函（函号为“天”至“石”。其中，有些函内收两类性质不同的经典），收经一千六百十五部六千三百六十一卷，从《大般若经》开始，到《大明三藏法数》结束。《永乐北藏》为梵夹装，每版二十五列，折成五面，每面五列，每列十七字。

其结构为：（一）大乘经，二百零六函（函号为“天”至“念”）五百三十七部；（二）小乘经，四十五函（函号为“作”至“竭”）二百三十九部；（三）宋元入藏诸大、小乘经，三十四函（函号为“竭”至“言”）三百部；（四）大乘律，五函（函号为“言”至“初”）二十五部；（五）小乘律，四十八函（函号为“初”至“爱”）五十九部；（六）大乘论，五十函（函号为“爱”至“逸”）九十三部；（七）小乘论，七十三函（函号为“逸”至“弁”）三十七部；（八）宋元续入藏诸论，五函（函号为“转”至“通”）二十三部；（九）西土圣贤撰集，十九函（函号为“广”至“漆”）一百四十七部；（十）此土著述，一百五十一函（函号为“书”至“石”）一百五十五部。

《永乐北藏》初刻本告成之后，由于藏在京城，故一直作为官赐藏经，由朝廷印刷，下赐各地寺院。

到了明万历十二年（1584 年），神宗因母后施印佛藏之愿，下敕雕造《永乐北藏》的《续入藏经》，并为之序。《续入藏经》共计四十一函（函号为“钜”至“史”），收经三十六部四百一十卷，始为《华严悬谈会玄记》，终为《大明仁孝皇后梦感佛说第一希有大功德经》，全是中国佛教撰著。这样，初刻的正藏和续藏两项相加，《永乐北藏》至明万历十二年（1584 年）时，已有六百七十七函（函号为“天”至“史”），收经一千六百五十一部六千七百七十一卷。

《中阿含经》卷第四十一至卷第五十 明

刊印于正统五年（1440 年）十一月十一日的明北藏，是皇家御制，纸张质量较好，而且大部分有函套，故时至今日，经书仍保存较好。

北藏佛说法图

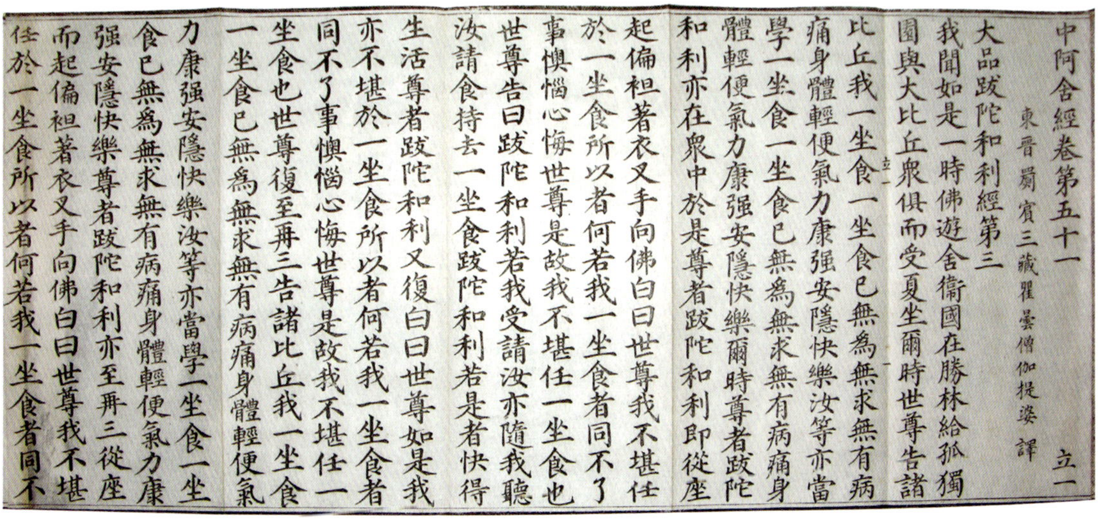

中阿含經卷第五十一　　立一
東晉罽賓三藏瞿曇僧伽提婆譯
大品跋陀和利經第三
我聞如是一時佛遊舍衛國在勝林給孤獨
園與大比丘衆俱而受夏坐爾時世尊告諸
比丘我一坐食一坐食已無爲無求無有病
痛身體輕便氣力康强安隱快樂汝等亦當
學一坐食一坐食已無爲無求無有病痛身
體輕便氣力康强安隱快樂爾時尊者跋陀
和利亦在衆中於是尊者跋陀和利即從座
起偏袒著衣叉手向佛白曰世尊我不堪任
於一坐食所以者何若我一坐食者同不了
事懊惱心悔世尊是故我不堪任一坐食也
世尊告曰跋陀和利若我受請汝亦隨我聽
汝請食持去一坐食跋陀和利若是者快得
生活尊者跋陀和利又復白曰世尊如是我
亦不堪於一坐食所以者何若我一坐食者
同不了事懊惱心悔世尊是故我不堪任一
坐食也世尊復至再三告諸比丘我一坐食
一坐食已無爲無求無有病痛身體輕便氣
力康强安隱快樂汝等亦當學一坐食一坐
食已無爲無求無有病痛身體輕便氣力康
强安隱快樂尊者跋陀和利亦至再三從座
而起偏袒著衣叉手向佛白曰世尊我不堪
任於一坐食所以者何若我一坐食者同不

《中阿含经》卷第五十一为梵夹装，每版二十五列，折成五面，每面五列，每列十七字

乾隆版《大藏经》经板

乾隆版《大藏经》

乾隆版《大藏经》又称龙藏经、清藏，是清代惟一官刻汉文《大藏经》，也是中国最后一次官刻汉文大藏经。清藏奉清雍正皇帝御旨而雕刻，因每卷首页均有雕龙“万岁”牌，故名“龙藏”。始刻于雍正十一年（1733年），完成于乾隆三年（1738年），历时五年之久，经板有78230块，经书7240卷。完工后曾印刷100部，分赐全国各大寺院，1935年又曾经印刷了22部，此外还有少量印刷，但累计总数不超过150部。全部经板均选用上好的梨木雕造，刻工精细，正反两面均雕有文字，刀法洗练，字体浑厚端秀。由于印刷量极少，经板至今字口锋棱俱在，完整如新。目前世界上只有两部汉文《大藏经》经板存世，龙藏是保存到今的一部，另一部存韩国海印寺，均在世界佛教史上占有重要地位。

龙藏经板存放在智化寺时的景象

乾隆《大藏经》的规格在历代汉文《大藏经》中是最豪华的，其开本大、纸质精、字迹大而清晰，装潢讲究。它还是历代汉文《大藏经》中卷册数量最多的一部。

乾隆《大藏经》的分类，仍沿用惯例，用千字文编次。正藏部分，分为经、律、论三藏。经、律、论又有大、小乘之分别。续藏部分分为西土、中土两部分论述。内容收集了元、明、清三代著名高僧以及佛学研究的著作，很多为史书所不载的史料，多可从这里探源溯流找到答案。

汉至隋唐翻译了大量佛典，都靠写本流传。随着印刷术的发展，《大藏经》开始采用雕版印刷的方法。自宋代开宝年间开始，到清代为止，公私雕刻《大藏经》有二十余次。清代以前历代雕刻的经板，皆毁灭无存，只有龙藏经板基本完整地保留下来，已成为稀世珍宝。

1982年8月，北京市文物局将乾隆版《大藏经》经板从柏林寺移至智化寺保存。1991年因文物出版社印刷经书，自智化寺调出。

乾隆版《大藏经》局部经板

画板

《金刚般若波罗密经》血经

智化寺有一部藏经，由佛信官普铭等二人于宣德十年（1435 年）“发心次（刺）血尽写”，目的是“上报四恩，下资三有，法界有情，同圆种智”。该血经是先在纸面上捶拓出文字的痕迹，然后再用血描写的。经历了 600 余年，字迹已呈红褐色，但是书写人那种虔诚之心却不会随时间的久远而褪色。

该经为经折装，书高 26 厘米，宽 8.5 厘米，蓝布书衣，每列 15 字。书内扉页绘有佛说法图，尾部绘有寺院的护法神韦驮，书尾牌记，上覆荷叶，下托莲花。这种模式在智化寺馆藏佛经中比较常见，具有鲜明的明北藏经书特色。题记中时代、人物记述清晰，描绘图案线条流畅，纹饰繁缛，经书正文文字书写有力。值得一提的是，它不仅全书由血写成，而且在抄写时标明了句读，较其他刊印经书而言，具有很高的历史价值和艺术价值。

《金刚般若波罗密经》血经扉页《佛说法图》

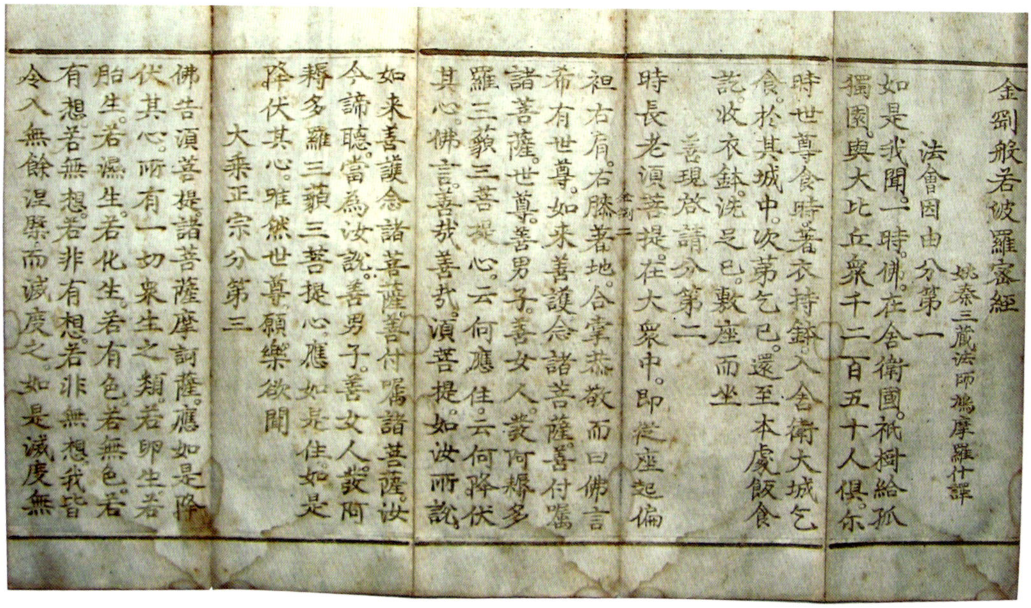

《金刚般若波罗密经》血经经折装 明

高 26 厘米，每折宽 8.5 厘米，每列 15 字。

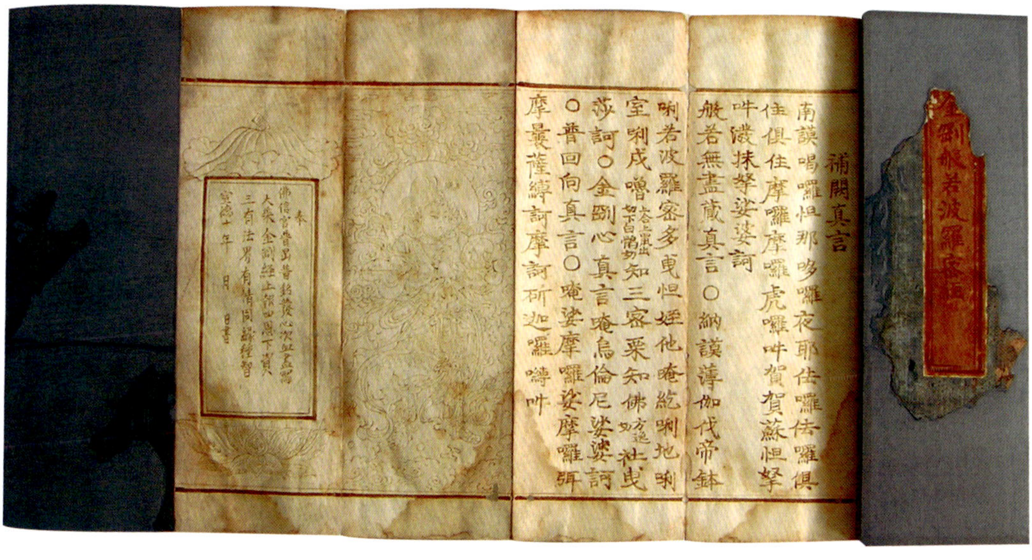

《金刚般若波罗密经》血经

《金光明经卷第一卷第二》

经折装金书《金光明经卷第一卷第二》 明末清初

全称《金光明最圣王经》，主要宣扬忏悔历德、如来三身、十地行等大乘义理。

转轮藏

北京现存三副转轮藏，一副在智化寺藏殿；另两副分别在雍和宫与颐和园，且都是清代所制，比智化寺的要晚了好几百年。

转轮藏是能旋转的收藏佛经的柜橱，佛教取法轮常转、自强不息之意，比喻佛法犹如车轮，辗转相传，永不停息。将藏经书架做成旋转之形，始于梁代。据《释门正统》卷三《塔庙志》说：“初，梁朝善慧大士傅翕愍诸世人，虽于佛道颇知信向，然可赎命法宝，或有男女生来不识字者，或识字而为他缘逼迫不暇披阅者。大士为是之故，特设方便，创成转轮之藏，令信心者推之一匝，则看读同功。”简言之，转轮藏实际上是为那些不识字，或者识字但没有时间阅读佛经者提供的一种简便易行的办法。

转轮藏有两种形制：一种是带有机关装置的可旋转经橱，信徒用手推动即可旋转；一种是经橱不能动，需要信徒围绕书橱顺时针行走，代表转轮藏转动。智化寺藏殿内的转轮藏就属于后者，它全高4米有余，八角形，金丝楠木质地，从下至上分为底部、中部、顶部三部分。

藏殿

智化寺转轮藏

智化寺转轮藏是一个八面的棱柱体，每一面上都有四十五个长方形抽屉，一共三百六十个，恰好与一年的天数基本吻合。围着转轮藏走一圈，就表示读完了一年要读的经书。这是佛教信徒们为了尽快成佛，尽早登上极乐世界想出的一个很直观、很简便的方法。

转轮藏底部为汉白玉石须弥座，层次繁缛，每层雕琢纹饰为卷草、莲瓣，束腰处琢二龙戏珠纹饰，上枋刻轮、螺、伞、盖、花、罐、鱼、肠八宝。佛八宝又称八吉祥，即法轮、法螺、宝伞、宝盖、莲花、宝罐、双鱼、盘肠。具体而言，法轮喻佛法，谓佛说法，圆通无碍，运转不息，能摧破众生的烦恼，犹如轮王之宝轮，能碾摧山岳岩石。法螺，即螺贝。螺声之远闻，广被众生；螺声勇猛，以表示大法之雄猛。千手观音其中有一手持的就是法螺。宝伞，张弛自如，曲覆众生之谓。宝盖，又称天盖。饰以宝玉之天盖，佛、菩萨及讲师的高座上悬有天盖。莲花，弥陀之净土，古人云："禅机玄妙，法流净土，一似莲花开朵朵。"宝罐，尊称佛具之瓶，有华瓶、水瓶、观音瓶数种。双鱼，佛说坚固活泼，能解脱坏劫。佛教认为，到"坏劫"时，有水、火、风三灾出现，世界归于毁灭。后人借指天灾人祸为"坏劫"。盘肠，象征缠绵不断。佛说回环贯彻，一切通明之谓也。八个转角处又各镂雕金刚力士，肌肉遒劲，姿态英武。

转轮藏底部汉白玉须弥座

中部为藏经柜，是转轮藏的主体部分，金丝楠木质地，抽屉式的经橱，共八个面，每面横 9 排竖 5 列共 45 个抽屉，每个抽屉的外立面上浮雕一尊佛像，并按照千字文的顺序排列，以便于所藏佛经的检索。

藏经抽屉表面

每个藏经抽屉表面所装饰的佛像姿态及艺术风格完全一致：结跏趺坐，左手结禅定印，右手结触地印，头饰螺发，上身着袒右肩袈裟，下身衣纹立体感很强，写实自然。佛像面部丰腴，宽额高鼻，大耳垂肩，耳轮外敞，躯体壮硕，肩宽腰细。佛座为双层莲花座，莲瓣肥硕，带有鲜明的明式佛造像风格。

藏经柜

六挐具

六挐具是由大鹏金翅鸟、龙女、摩羯鱼、狮羊、狮、象组成的法相装饰，是最常见的藏传佛教艺术图像，常用在佛像的背光和门券上作装饰。

智化寺转轮藏顶部雕刻的大鹏金翅鸟、龙女、摩羯鱼以及角柱上的狮羊、狮、象共同组成了六挐具，作为每面经橱抽屉上所有浮雕释迦牟尼佛的背光。智化寺转轮藏除了六挐具的法相装饰以外，还增加了金刚和菩萨。

狮羊

狮

象

菩萨

金刚

转角阴刻填金八宝吉祥纹饰

经柜表面采用刻漆填金技法，有规律地装饰梵文和吉祥八宝图案，由此可见转轮藏当年的富丽堂皇。

转轮藏顶部装饰莲瓣数层，莲瓣饱满，雕琢精美，以金线勾描，极为奢华，其上端坐一尊毗卢遮那佛

角柱顶部口吐莲花的摩羯鱼

转轮藏顶部莲花座

转轮藏顶部大鹏金翅鸟与龙女

转轮藏的保护

由于藏殿通风不畅，殿内湿度很大，再加上由于北京街巷地面的提升，智化寺的地面低于寺外约一米，而周围聚居了大量居民，其生活用水通过毛细作用也在侵蚀着藏殿。尤其是雨季，转轮藏石质须弥座上的水珠清晰可见，加重了其腐蚀过程。当然，这对木质经柜的保存也极为不利。

为了改善藏殿湿度过大的状况，2004 年，智化寺管理处采取了一系列措施：藏殿防水工程是在藏殿西墙外侧地下 6 米深处灌注防水材料，阻断地下水运动；此外，还在殿内安装了除湿机，在西房檐下安装了接水槽。目前，藏殿的状况有所改善。

除了改善藏殿的外部环境外，对转轮藏自身也进行了清理。首先由修复人员清洗转轮藏表面污垢；然后由雕刻工补配个别缺失部件，经做旧处理后，再安装到位；最后是补齐藏经柜抽屉盖板及相应的抽屉拉环。

采取保护措施后的藏殿内部环境清爽而沉静，除去污垢的转轮藏也越发古朴、高雅。

对转轮藏表面污垢进行无损清理

补配缺失的抽屉盖板

工人正在雕刻缺失的部件

藏殿西墙外做“围幕灌浆”时的施工现场

藏殿西侧屋檐下安装接水槽

工人正在加压灌注防水材料

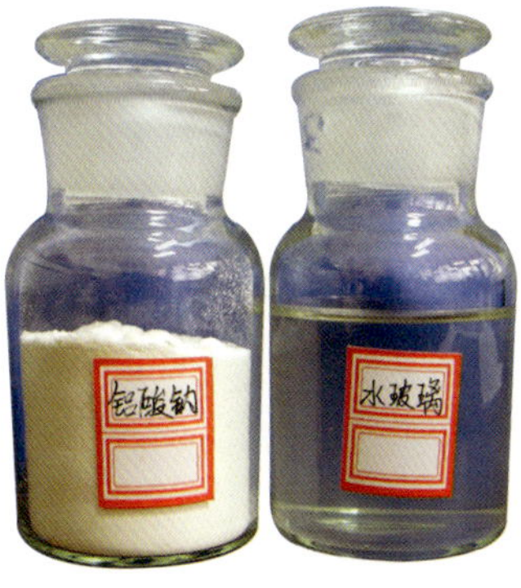

藏殿防水工程所用的灌浆材料

【第五部分】

不朽的绘画艺术

壁画与彩绘天花

以佛教内容为主题的壁画是我国佛教艺术中的瑰宝。智化殿抱厦内所藏的壁画《地藏菩萨与冥府十王》，画面生动，色彩绚丽，纹饰优美，是明代壁画艺术的珍品，它不失为智化寺内一道亮丽的风景线，使智化寺的明代佛教艺术内涵更为立体和丰富。

智化寺内各殿均有以梵字为主题的彩绘天花，既形式各异，又构成一个协调的、有机的整体，渲染着寺里的宗教气氛。极为可惜的是，民国初年，智化殿全部天花被盗卖，无一遗留。万佛阁天花则仅存角落处的一块。

《地藏菩萨与冥府十王》壁画
六字真言与天花
藏殿藻井斜板上的彩绘佛像
装金的各种技法

《地藏菩萨与冥府十王》壁画

《地藏菩萨与冥府十王》壁画

《地藏菩萨与冥府十王》壁画位于智化殿扇面墙后面，抱厦南壁，高 3 米，宽 4.67 米，采用对称式构图，绘有 13 个人物。正中央是地藏菩萨，左右分别是道明和尚、闵长者和辅助地藏菩萨判别业障轻重的冥府十王。

地藏菩萨像

壁画中央所绘地藏菩萨，面颊丰满，慈祥庄严，半跏坐在置放于狮子背上的莲台之上。右手持锡杖，表戒修精严，爱护众生；左手持摩尼宝珠，表满众生愿。地藏菩萨是佛教四大菩萨之一，在诸菩萨中以“大愿”著称，他的誓言“地狱不空，誓不成佛”，千百年来广为佛教徒传颂。

两侧下方各有立像六众，其中左方第一人是穿僧装的道明。宋《高僧传》载：地藏菩萨为新罗国（古朝鲜半岛的一个国家）王族，姓金名乔觉，后出家，法名地藏。唐肃宗至德年间，他来到我国安徽九华山苦修，受到当地闵长者的供养。闵长者的儿子也跟从他出家，法号道明。金地藏涅槃（niè pán）后，世人看到他逝后肉身与佛经中的地藏菩萨相同，一致认为他是地藏菩萨的化身，称他为“金地藏”，闵长者父子随之出名。后代塑像时，便常将此二人作为胁侍。着僧衣者即为道明，而闵长者像则在右侧。其余十人是冥府十王，都双手持笏，面向菩萨拱手而立，身着同样形式的衣冠，只是颜色有别。

整个画面人物众多，线条流畅、色彩绚丽。尤其是地藏菩萨，服装飘逸，肌肤柔美，神情端丽，展现了出世超凡、清新明净、和蔼可亲的魅力。

道明像局部

闵长者像局部

冥府十王之一

冥府十王之一

冥府十王之一

冥府十王之一

冥府十王之一

鉴于智化寺壁画具有较高的历史和艺术价值，其以木板为支撑体的特性在我国北方地区具有一定的代表性。2001 年至 2004 年，中日两国文物保护专家联合对智化寺壁画进行了为时三年的病害调查和研究。在调查中，专家们分别采用了诸多高科技手段，在环境气候、紫外线、参观观众的人为影响等方面，对壁画的病害诱发因素进行了分析和研究。

2003 年中日文物保护专家对壁画进行无损检测及病害调查

六字真言与天花

真言咒语在密教中占有极重要的地位，佛教认为持诵真言能引发智慧、慈悲、神通及禅定三昧境界，消除一切灾难过患。

六字真言是藏传佛教名词，汉字音译为唵（ong）、嘛（ma）、呢（ni）、叭（bei）、咪（mei）、吽（hong），是藏传佛教中最尊崇的一句咒语。密宗认为这是秘密莲花部的根本真言，也即莲花部观世音的真实言教，故称六字真言。包含佛部心、宝部心、莲花部心及金刚部心等内容。“唵”，表示佛部心，谓念此字时，自己的身体要应于佛身，口要应于佛口，意要应于佛意，认为身、口、意与佛成一体，才能获得成就；“嘛呢”梵文意为“如意宝”，表示“宝部心”，据说此宝出自龙王脑中，若得此宝珠，入海能无宝不聚，上山能无珍不得，故又名“聚宝”；“叭咪”，梵文意为“莲花”，表示“莲花部心”，以此比喻法性如莲花一样纯洁无瑕；“吽”，表示“金刚部心”，祈愿成就的意思，即必须依赖佛的力量，才能得到“正觉”，成就一切，普度众生，最后达到成佛的愿望。

藏传佛教把这六字看做经典的根源，主张信徒要循环往复吟诵，才能广积功德，功德圆满，方得解脱。据说，藏学家的最新研究成果，认为六字真言意译为“啊！愿我功德圆满，与佛融合！”还有的藏学著作，认为六字真言最简练而诗意的解释是：“好哇！莲花湖的珍宝！”

智化寺的天花大部分以绿色为主色。近代彩画惟大内多以朱色为底，或于青绿二色中杂以彩云，但配色复杂，且使用地点过多，与此相较，殊有雅俗之分。

如来殿天花

如来殿与万佛阁连接处楼梯天花统以朱色为地，杂饰青绿蕃草，中央书金色六字真言，古色盎然。

万佛阁三角形天花

如来殿楼梯间天花

如来殿天花

藏殿顶部天花

藏殿藻井内天花

藏殿藻井斜板上的彩绘佛像

位于二进院的藏殿保存着寺内仅存的一个藻井。其结构下方上圆，象征天圆地方。自左右柁梁起向上斜出的斜板上遍绘佛像，东西南北，每边9尊（第一层8尊，第二层1尊），共36尊，均袒右肩，结跏趺坐在莲花台上。每个佛像均以工笔描绘，面容慈祥，神态沉静，手指纤细优美，手势各异。这些天花上所绘的佛像很难为世人发觉，早已超越了建筑物彩绘保护装饰的本意，仿佛来自于佛国世界的神们正在此作一个短暂的停留。

装金的各种技法

俗话说："人要衣装，佛要金装。"金色不仅高贵，而且根据佛像仪规中"三十二相"中"身金色相"的规定，佛像必须装金。装金的方法很多，按照金地来分，有漆金地、油金地、藤黄胶金地、蛋青金地等；按贴金技法分，有贴金、摺金、扯金、剪刀金、水拖金、泥金等。

智化寺佛像所涉及的装金方式为贴金罩漆与拨金。

贴金是当金地漆将干未干，手感尚有点黏，但已不粘手之时，就可以贴金箔（黄金加工而成的极薄的膜片）了。先贴大块面的，一般由下而上，以避免金箔碎末落在未贴过的金地漆上面。将整张金箔覆上去后，在纸背上用软笔一刷，金箔就粘在佛身上了。贴金时金箔不要被风吹动以免浪费。待全部贴足以后，用大金笔刷扫一遍，刷去多余的碎金末就可以了。用贴金而成的佛像，免不了会有一块接一块的金夹痕。为了使佛像没有夹痕，有的就采用扫金或泥金的方法，但是用金量要比贴金高出很多。行话称"一贴、三扫、九泥金"，就是说扫金用金量是贴金的三倍，泥金用金量是贴金的九倍。

罩漆是当金贴好刷平以后，在贴好的金箔上，先用清豆浆薄薄刷上一遍，干后就可以罩金漆了。一般佛像都需要罩一层漆，使金能经久。金漆的配法与金地漆相似，只是不需加银铢就可以了。

拨金是明清寺院泥塑、木雕佛像彩画高级技术做法术语。佛像彩画大体分为三个等级，最高级的称"上五彩"；中级为"中五彩"；下级为"下五彩"。一般上、中五彩多用此做法：

先在特定的彩画部位贴上金箔，待金箔以下的粘金之金胶油充分干透后，蒙刷既定的彩画颜色，当颜色似干未充分干之时，画工按心中想象的图案，熟练地用细竹针划去应划去的所蒙颜色，露出金色。具体有两种方式，使露出的金色成为图案，所蒙刷之颜色反成了底子色效果；或者划出的金色做底，留下的颜色成为图案，将两种手法兼用于一种图案，特称此种技法为拨金。

如来殿内帝释天、大梵天身上的彩绘图案，采用的是拨金工艺手法。

如来殿帝释天彩绘拨金局部

【第六部分】

雁过南楼

佛教音乐起源于印度，在高僧大德的重视下，作为弘法的舟楫来到中国，与中国繁盛发达的音乐文化既互相融合又彼此促进。庙宇高墙之内，形成了“和”“静”“清”“远”“恬”“淡”“古”……为特色的音乐艺术情结。佛教音乐是中国传统音乐的重要组成部分，也是民族文化的珍贵遗产。

智化寺不仅以恢宏的建筑和丰富的藏经著称于世，而且保留有古老的乐谱、乐器、乐曲，在我国佛学界、音乐界具有弥足珍贵的价值。值得庆幸的是，古老的乐曲由寺内僧人代代相传，直至今天没有停顿。

智化寺京音乐

可以聆听的活化石
工尺谱
乐　器
人类非物质文化遗产

可以聆听的活化石

智化寺京音乐与王振有着不可分割的关联。作为笃信佛教并执掌司礼监的宦官，王振不会让智化寺在遇有大型佛事活动时缺少演奏队伍。很可能是皇帝主动赐给他乐谱，也有可能是王振向宠爱他的英宗请求，或是利用司礼监总管职务之便，于是得以将明代的宫廷音乐带出宫院高墙，送入智化寺内。建寺之初，即正统九年（1444 年）左右就传入智化寺的音乐，曲调空灵神秘、古朴典雅，其中大部分曲牌与明永乐十五年（1417 年）钦定的《诸佛世尊如来菩萨尊者名称歌曲》相同。

智化寺京音乐是我国现有古乐中惟一按代传袭的乐种，至今保存完好。从智化寺音乐自明代宫廷传入智化寺的那一天起，由于智化寺具有太监寺院共同的封闭性，艺僧们按照十分严格的“口传心授”的方式代代传授，既不接受其他音乐的影响和渗透，同时也防范音乐的外传，有着极强的封闭性和保守性，故保留着原有历史风貌，被誉为“中国古代音乐的活化石”。

1993 年智化寺艺僧在房山区云水洞表演

内容丰富的工尺谱本以及曲牌、曲目、乐器等融宫廷音乐、佛教音乐、民间音乐于一体，具有十分珍贵的艺术价值和学术价值。它与西安城隍庙鼓乐、开封大相国寺音乐、五台山青黄庙音乐及福建南音一起，同属我国现存的最古老音乐。那一首首古老的旋律，是我国优秀的文化遗产。

据智化寺保存下来的工尺谱统计，智化寺音乐各类曲目两百余首，曲牌分“只曲”“套曲”两大类。“只曲”是单独演奏的曲牌，不能与别的曲牌相联；“套曲”由若干单个曲牌联成，按应用上的不同，分为两种：白天佛事中应用的是《中堂曲》，一般由七八个曲牌相联，运用的曲牌有《昼锦堂》《金五山》《锦堂月》等；晚间“放焰口”时应用《料峭》，通常由十多个曲牌联成，如《好事近》《千秋岁》等。

其中，佛曲曲目为《三皈赞》《观灯赞》《小华严》《金五山套曲》《纸幡》《焚火赞》《寄生草》《五声佛》《撼动山》。佛教认为，音乐有“供养”“颂佛”的作用，几乎所有的佛事活动都含有音乐的内容，尤其是放焰口和水陆道场法会，规模大、时间长，音乐安排反映出一定的艺术水平。

从内容上说，除去为佛事服务的内容以外，还有描写宫廷生活的，如《逍遥殿》《水晶宫》；更有不少描写劳动人民生活的，如《拿天鹅》《水鸭儿》《豆叶黄》等。曲目丰富多彩，曲调或空灵神秘，或古朴典雅，或诙谐热烈，具有十分珍贵的艺术欣赏价值。

目前智化寺音乐能够演奏的曲目共有 38 首，曲目如下：

《垂丝（四）调》《锦堂月》《月调锦堂月》《水晶宫》《放海青》《金字经》《五声佛》《撼动山》《昼锦堂》《醉翁子》《山荆子》《好事近》《千秋岁》《滚绣球》《醉太平》《春》《夏》《秋》《冬》《纸幡》《拿天鹅》《水鸭儿》《大打围》《观灯赞》《焚火赞》《三皈赞》《逍遥殿》《寄生草》《清江引》《梅花引》《豆叶黄》《雁过南楼》《穿拨罩》《短命鬼》《喜秋风》《送仙人》《小华严》《青山口》

曲牌与词牌

智化寺音乐的曲牌名称，大都古朴雅致，有的与昆曲同名甚至早于昆曲，有的与唐代教坊曲、法曲相同，比如《望江南》等；有的与宋词词牌相同，比如《好事近》等。据专家研究，这些音乐曲牌与古代的诗词格律有着密切的传承关系。在演奏翻调的方式上，智化寺音乐又保留了唐宋以来燕乐中鼓吹教坊的一部分。

词牌赏析：

梅花引·荆溪阻雪

[宋]蒋捷

白鸥问我泊孤舟，是身留，是心留？
心若留时，何事锁眉头？
风拍小帘灯晕舞，对闲影，冷清清，忆旧游。
旧游旧游今在否？
花外楼，柳下舟。
梦也梦也，梦不到，寒水空流。
漠漠黄云，湿透木绵裘。
都道无人愁似我，今夜雪，有梅花，似我愁。

好事近

[宋]李清照

风定落花深，帘外拥红堆雪。
常记海棠开后，正是伤春时节。
酒阑歌罢玉尊空，青缸暗明灭。
魂梦不堪幽怨，更一声啼鸣。

千秋岁·夏景

[宋]谢逸

楝花飘砌，簌簌清香细。
梅雨过，萍风起。
情随湘水远，梦绕吴山翠。
琴书倦，鹧鸪唤起南窗睡。
蜜意无人寄，幽恨凭谁洗？
修竹畔，疏帘里。
歌余尘拂扇，舞罢风掀袂。
人散后，一钩新月天如水。

金字经

[元]马致远

夜来西风里，九天雕鹗飞。
困煞中原一布衣。
悲，故人知未知？
登楼意，恨无天上梯！

明清之际，佛曲日益深入民间。大的寺院广开庙会赏花唱戏，实际上成了社会的主要娱乐场所。在智化寺音乐的曲牌中，有一些与其他民族器乐的曲牌名相同，如《拿天鹅》《醉太平》《青山口》《四季》等。从一定意义上讲，它们同属一族，并在一定程度上相互影响、共同发展。

智化寺音乐乐队编制比较严格，典型编制为 9 人 13 件乐器（兼打击乐）。分别为：管 2 支、笛 2 支、笙 2 攒、云锣 2 架、鼓 1 面、铛子 1 副（由司笙者兼）、铛子 1 面（由司云锣者兼）、大钹 1 副（由司管者兼）、大铙 1 副（由司笛者兼）。

工尺谱

智化寺音乐的记谱，采用的是中国传统的工尺谱，其中将“乙”记作“、”，将“工”记作“|”，与宋代俗字谱相同；而板用“ソ”，则与唐代半字谱相同。

工尺谱是中国古代音乐所使用的一种记谱方法，就像我们今天使用五线谱或者简谱来记录音乐一样。其中的“尺”字的读音为“chě”，这一特定的读音是古代乐师口耳相传、约定俗成的，并不一定有音韵学上的传承根据。工尺谱是以音高符号为“工、尺”等字而得名的一种记谱形式，最晚可能产生于晚唐五代。这种乐谱随着音乐的发展与不同地区、不同乐种的具体运用，在音高、节奏、调名等符号的记写方法上也有所改变，如南宋姜夔《白石道人歌曲》所用的工尺谱，与后期通用的工尺谱就有相当大的出入。到明代中叶以后，随着昆腔在南北各地的流行，在昆腔谱的基础上，形成了一种应用最普遍、也最常用的谱式。

智化寺音乐工尺谱的音高符号，属于首调唱名法（其他的工尺谱也有用固定唱名法），谱字包括：“上（相当于简谱的‘1’）、尺（2）、工（3）、凡（4）、六（5）、五（6）、乙（7）。”如低一个八度，将“六、五”改成“合、四”。

智化寺京音乐有七个调，分别是：正调（F）、背调（$^{\flat}$B）、皆止调（$^{\flat}$E）、月调（C）、凡调（G）、乙调（D）、工调（A）。目前，主要使用正调、背调、皆止调和月调。

清江引

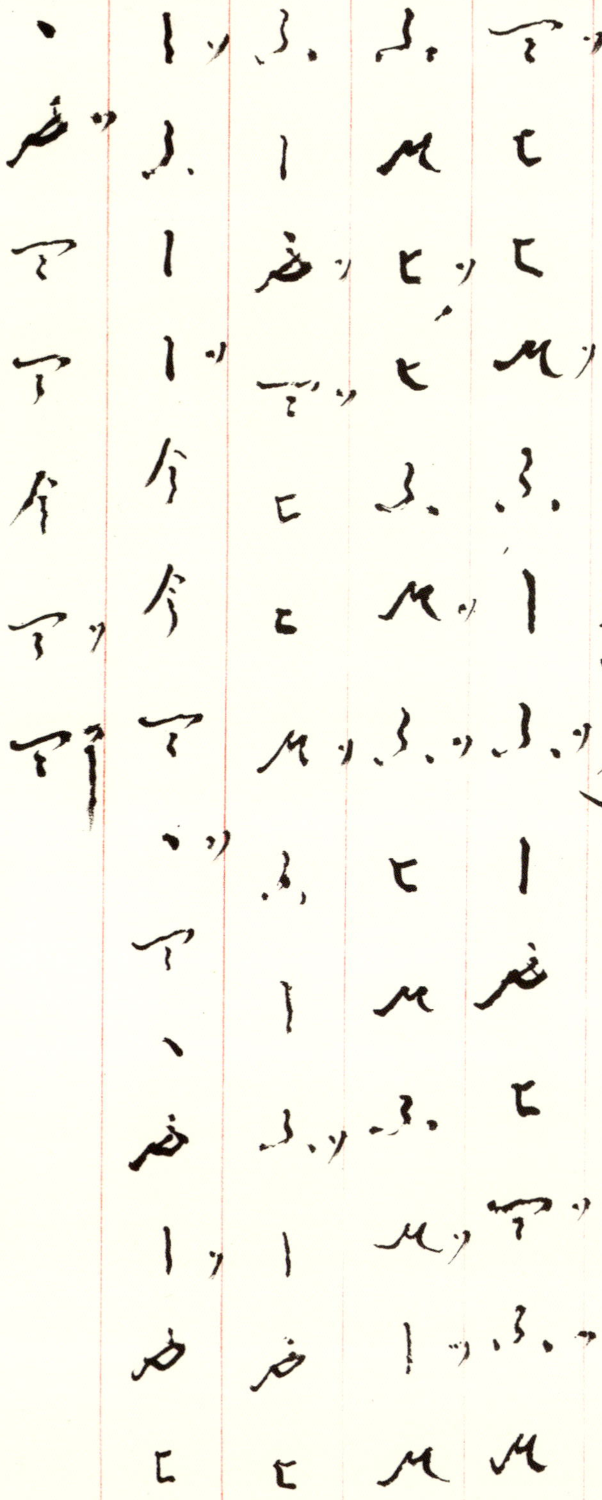

工尺谱只是标明了一个乐曲的节奏轮廓，至于细致的节奏变化与升降半音等就无法记明了。所以传授时要加进很多花腔，称为“啊口”。但是在当时的历史条件下，这种记谱法对于音乐艺术的发展，尤其是对于保存古代的音乐遗产，却起了重大的作用。它的历史地位是必须充分肯定的。

目前智化寺发现和保存的谱本主要有五套：

1. 智化寺第二十六代艺僧本兴整理的工尺谱

2. 成寿寺抄谱

3. 水月庵郎坤于光绪癸卯年（1903 年）的抄谱

4. 天仙庵妙申于光绪十三年（1887 年）所抄《音乐佛事全部》

5.1952 年，智化寺艺僧法广在如来殿藏经橱内发现的康熙三十三年（1694 年）由智化寺十五代艺僧容乾所抄的古谱

智化寺第二十六代艺僧本兴整理的工尺谱

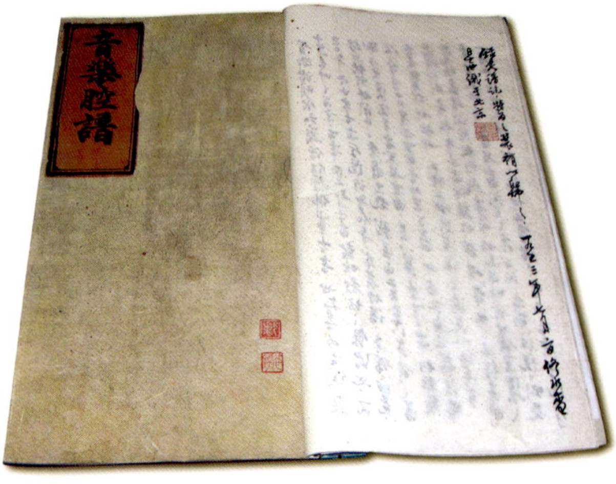

康熙三十三年（1694 年）智化寺十五代艺僧容乾所抄的古谱

1952 年，智化寺艺僧法广在如来殿藏经橱里发现的康熙三十三年（1694 年）智化寺第十五代艺僧容乾所抄的古谱。谱本为线装，高 40 厘米，宽 25 厘米，用的是高丽无帘痕米色纸，装订完整。封面中间行楷书“音乐腔谱”四字，封底内自上至下楷书“岁大大清康熙叁拾叁年拾月初壹日容乾记吉祥如意”22 字。内容无序目，共录有管乐谱 48 首。

智化寺十五代艺僧容乾像

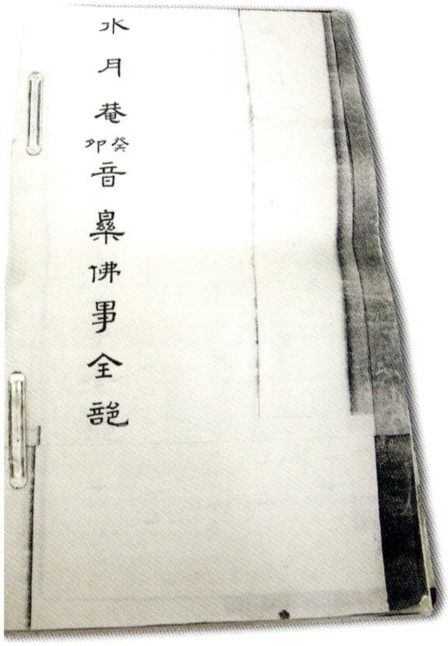

水月庵郎坤光绪癸卯年（1903 年）的抄谱

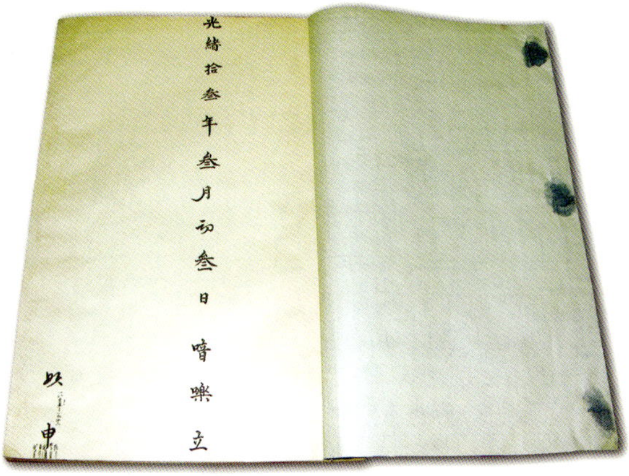

天仙庵妙申光绪十三年（1887 年）所抄《音乐佛事全部》

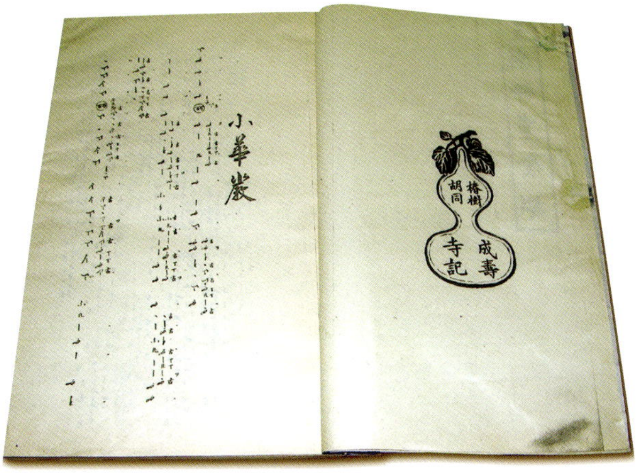

成寿寺抄谱

这些音乐抄本为研究中国佛教音乐艺术、中国音乐史、民族音乐学提供了极其丰富珍贵的文献资料。经古乐专家研究，其四个半音（哑乙、勾、靠凡、夹六）都相同，而且各种乐器的演奏技术和发音效果也丝毫不差。可以说，自 1694 年以后的 300 年间，智化寺音乐乐谱一直没有变动。结合艺僧们在传授上的封闭特性推断，从开寺至今，智化寺音乐原质没有变动。因此，智化寺的乐谱已具有 500 多年的历史了。

明声，俗姓徐，北京人，生于 1907 年，1915 年在智化寺出家，曾赴欧洲、新加坡演出，均获好评。

福广，俗姓杨，北京人，生于 1929 年，1938 年在智化寺出家，师从普远和尚学笙，列为智化寺第二十六代艺僧，亦是京音乐门中最年轻的一位老辈艺僧。福广少年出家，一直在智化寺演奏佛乐，对智化寺历史典故了解甚多，除擅长吹笙外，兼击鼓及法器。

慧明，俗姓毕，北京人，生于 1929 年，1935 年在智化寺出家，师从德声和尚学管子，技艺精湛，法韵纯正。

安和，俗姓胡，北京人，生于 1926 年，1934 年在九顶庙出家，师从心宸和尚。1936 年在拈花寺受具足戒。后拜京城中著名的惟明和尚学唱诵，1980 年参加了智化寺音乐的承传工作。

性明，俗姓包，北京人，生于 1918 年，1935 年在普乐寺出家，1936 年受具足戒，唱诵极好。

福山，俗姓罗，北京人，生于1917年，1939年在慈恩寺出家，多才多艺，精于管子、法器和赞歌。

沙荣，俗姓高，北京人，生于1924年，1936年在关帝庙出家，1940年在拈花寺受具足戒，是一位不可多得的禅念艺僧。

智化寺第二十六代艺僧本兴

本兴，俗姓张，北京人，生于1923年，1935年在北京东大桥广济庵出家，1936年在北京拈花寺受具足戒。本兴在广济庵德声和尚门下学笛，后师从智化寺僧普远，成为智化寺京音乐第二十六代艺僧。本兴不但擅长吹笛，佛事唱诵亦好，在演奏中常兼司鼓、云锣及其他法器。

乐器

演奏智化寺音乐的乐器与我国一般民乐所用的乐器有所不同，分为两类：一是吹奏乐器，主要有笙、管、笛；一是击奏乐器，有云锣、鼓、铛子、钹、铙、铦子等。

管

古称筚篥，俗称管子，为双簧单管竖吹气鸣乐器。在智化寺音乐中，管的形制为九孔，前七孔，后二孔。宋陈旸《乐书》（1099年）讲到筚篥时曾说："其大者九窍"，其注云："今教坊所用，前七空，后二空，以五凡工尺上一四六勾合十字谱其声。"可见，现在智化寺的九孔管正是唐宋教坊音乐筚篥的遗制。它是智化寺音乐的主奏乐器，在乐队中起着骨干作用。在演奏中，旋律很少加花，注重禅韵，要求演奏者具有娴熟的技巧。智化寺音乐的管有大哨、小哨之分，适用于不同调性的乐曲。

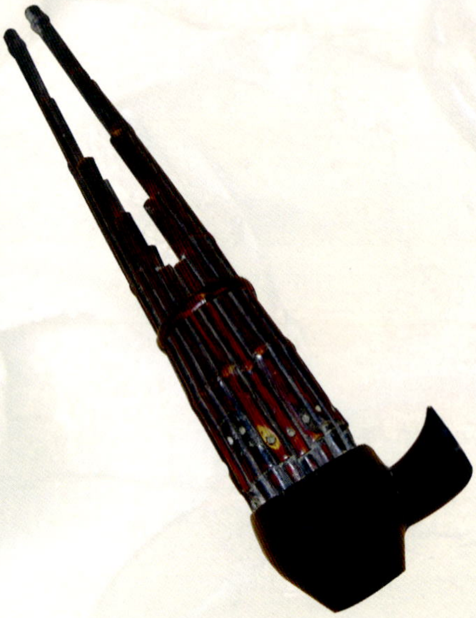

笙

单簧多管抱吹气鸣乐器。早在殷代的甲骨文中就有"龢"字（和，即小笙）。智化寺音乐的笙是十七簧笙，在管序和音位等方面明显沿袭宋制。在宋陈旸《乐书》（1099年）卷150"义管笙"条曰："圣朝大乐所传之笙，并十七簧。旧外设二管，不定置，谓之'义管'，每变均易调，则更用之。"用十七簧而不用义管。现在智化寺的笙也是如此。笙在智化寺音乐中起着重要的融合作用，其演奏突出节奏和强弱起伏。

笛

俗称"笛子"或"横笛"，为边棱音横吹气鸣乐器。在智化寺音乐演奏中，笛的演奏最为活泼，常常以流畅的花音和装饰音穿插于古朴的旋律之中。

铙

拍奏体鸣乐器。铙用响铜制成，呈圆片形，形制与钹基本相同，但有区别：铙的碗顶平而小，其径约当全径的五分之一；钹的碗顶圆而大，其径约当全径的二分之一。铙面较大而薄，多为弧形，根部凹进，边部稍作翘起。演奏铙时，双手各执一面互击，有平击、侧击、闷击等手法。

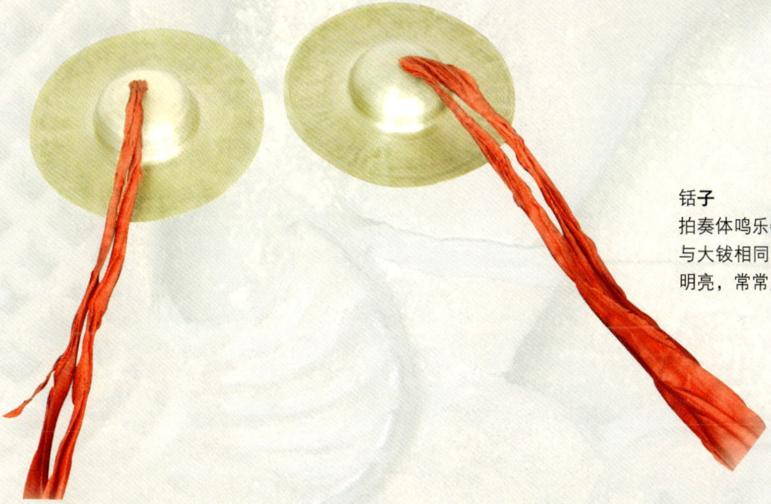

镲子

拍奏体鸣乐器，俗称“小镲”。形状与大钹相同，略小。镲子音色清脆、明亮，常常用于表现欢快的情绪。

钹

是常见的打击乐器，拍奏体鸣乐器。古称“铜钹”，民间叫做“镲”。铜制圆形，中部隆起如半球状，正中有孔，穿系绸条或布条。以两片为一副。演奏时，双手各持一面互击。有轻击、重击、磨击、扑击等手法。其历史久远，表现力强，在佛教音乐中是一件不可缺少的法器。

铛子

击奏体鸣乐器。由小锣和木架组成。小锣平坦无脐，用绳悬系于木架上。演奏时，左手执木架立柱下端，右手执小棰敲击，发音清脆。在演奏中用于击节。

云锣

古称“云璈”，民间称“九音锣”，为击奏体鸣乐器。由十面小锣组成，又叫十面锣。因最上方的一面不常用，故民间称之为九音锣。云锣的大小相同，锣面直径均为8厘米。因厚薄有别，所以能发出高低不同的音响。锣面无脐，边缘钻小孔系绳固定于木架上。云锣音色清亮，极富色彩，多奏旋律骨干音，作同音反复，起到加强节奏感的作用。演奏时左手持锣架木柄，右手持锣槌敲击。

鼓

击奏膜鸣乐器。智化寺音乐所用鼓为堂鼓，以木为框，两面蒙牛皮。演奏时，将鼓放在木架上，用双木槌敲击，打出各种节奏花样。鼓的演奏抑扬顿挫，运用灵活，清逸洒脱，起着稳定节奏的作用。

人类非物质文化遗产

自二十世纪八十年代起，智化寺京音乐虽然经过政府、音乐界人士和佛教界人士的发掘和抢救，但仍存在不少难以解决的问题：

- 随着时代的进步，京音乐逐渐失去了传统的演出市场。智化寺音乐的活动范围逐渐缩小。
- 随着市场经济的发展，人们的文化生活日益丰富，音乐艺术欣赏角度转变，对智化寺京音乐的兴趣越来越淡，使原本就“难学、易忘、少人知”的智化寺京音乐发展举步维艰。
- 智化寺老艺僧大都过世，目前第二十六代艺僧年事已高，已退出舞台，年轻的第二十七代传人在演奏技巧上亟待提高。

2003 年，北京市政协委员宋大川在北京市政协委员会上呼吁，抢救濒临灭绝的无形文化遗产——京音乐，得到了社会的广泛关注。2004 年，由北京市文物局支持的智化寺音乐保护与传承项目正式启动。2004 年 8 月至 10 月，81 岁高龄的智化寺音乐第二十六代传人张本兴带领着学习智化寺音乐已有十几年之久的六名弟子参加了 CD 专辑的录制工作。为了保证录音品质，展现智化寺音乐原貌，特意进行分轨录音，共录制现存乐曲 38 首（包括两首唱谱），不仅包括小曲如《喜秋风》《清江引》《梅花引》等，还包括一些大型套曲如《四季》《金五山》《好事近》等，由张本兴一人演奏鼓、云锣、钹、铦子四种乐器。相对过去，这次是曲目最多、规模最大的一次。这对于挽救和继承智化寺音乐这一非物质文化遗产来说无疑有着深远的历史意义。

第二十六代艺僧本兴正在进行分轨录音

智化寺音乐申报国家级非物质文化遗产代表作专家论证会

在查看了智化寺京音乐古老的工尺谱、古乐器和 2004 年的录音成果以后，领导们和专家们认为如果智化寺京音乐能成为首批国家级非物质文化遗产代表作，那将对智化寺京音乐的抢救、保护和传承具有非常深远的意义。

2005 年 6 月底，国务院办公厅下发《关于加强我国非物质文化遗产保护工作的意见》，由中华人民共和国文化部负责组织申报、审批非物质文化遗产代表作。中国将建立非物质文化遗产代表作国家名录，形成国家级和省、市、区县四级名录体系。今后我国向联合国教科文组织申报的非物质文化遗产代表作项目，也将从国家级名录当中产生。2006 年，智化寺京音乐成功列入第一批国家级非物质文化遗产代表名录。

后记

《古刹智化寺》，是北京市文物局2005年重点工程“智化寺展览改陈”中的一个子项目。这一工程受到北京市文物局领导的极大重视，梅宁华局长、舒小峰副局长、博物馆处刘超英处长和高小龙副处长都从各方面给予了大力支持、亲自指导，著名考古专家徐苹芳先生欣然为本书题序。本书文字部分的撰稿为郝黎、王丹、闫玉良、杨志国，其中尤以郝黎同志承担的比重为多；图片的摄影为杨志国、杨立泉、王丹、闫玉良、王兰顺，大量图片以数码照片为主，杨志国同志不仅承担了数码照片的拍摄工作，而且负责几乎所有图片的数码后期制作工作。他们都是边完成日常业务工作，边撰写书稿和处理图像。郝黎、杨志国同志经常加班，几乎占用了全部的休息日。在短期内完成一本汇集三百余张图片和两万五千余字的图录，必须仰仗于平日对于文字资料和图片资料的积累，在这一方面，我馆业务部近年来的工作作风以及工作质量、数量均经受住了考验。该书的装帧版式由李昭、康健精心设计。鉴于书中涉及大量明清史料和有关佛教的相关文化，著名学者赵迅先生、法源寺觉真法师在百忙之中抽出时间审阅了书稿，在对本书给予肯定的同时，提出了修改的宝贵意见。此外，我们在书中引用和借鉴了以前有关智化寺方面的研究成果，补充了新的研究内容，才得以将智化寺的历史、文物、建筑、音乐等方面表现得更加充分。这本书得以问世，还有赖于北京市文物局计财处王鸿年、宋泽英两位处长积极为此筹措资金，有赖于北京燕山出版社陈果等同志的鼎力相助，有赖于北京博睿中天文化发展有限公司的精心编制。我作为智化寺管理处的负责人、《古刹智化寺》一书的责任主编，谨向给予帮助和支持的各位领导、专家和同志们表示最诚挚的感谢。

王丹

2005年11月

智化寺大事记

年　　代	事　　件
1443 年（明正统八年）	王振筹备建寺
1444 年（明正统九年）春	王振求得圣旨，写《敕赐智化禅寺之记》，刻于碑上
1444 年（明正统九年）秋	智化寺基本建成，立石碑以记之
1446 年（明正统十一年）	智化寺全部建成，正式开光。僧录司左讲经然胜法师出任第一代住持，宫廷音乐移入智化寺演奏
1457 年（明天顺元年）	英宗复辟，在寺内为王振建“旌忠祠”
1462 年（明天顺六年）	英宗颁赐《大藏经》一部及装经用八角藏经橱一对，放于智化寺如来殿内，并立《英宗颁赐藏经碑》于如来殿东侧次间
1475 年（明成化十一年）	第一代住持然胜圆寂，宪宗遣礼部官员作谕祭文并立碑记之
1507 年（明正德二年）	被称为“八虎之首”的刘瑾欲效王振所为，乞陞僧录司右觉义性道为右讲经佥押管事兼智化寺住持
1577 年（明万历五年）	司礼监管监事兼掌内务府供用库印提督礼仪房太监郑真等重修智化寺
1679 年（清康熙十八年）	万佛阁因地震倒塌，寺僧宗玉募缘修寺
1681 年（清康熙二十年）	第十三代住持宗果主持修缮极乐殿（今大悲堂）
1694 年（清康熙三十三年）	艺僧容乾抄录《音乐腔谱》
1742 年（清乾隆七年）	监察御史沈廷芳奏请仆毁王振碑，从此智化寺开始衰落
1898 年（清光绪二十四年）	修建下院双松寺
1900 年（清光绪二十六年	“八国联军”侵毁寺院
1930 年（民国十九年）	智化寺住持普远拆卖智化殿和万佛阁藻井，现流失美国
1931 年（民国二十年）	南京中央大学建筑系主任刘敦桢先生，对智化寺进行了详细的调查和测绘，完成了《北平智化寺如来殿调查记》一文，为今天研究智化寺提供了宝贵的材料
约 1936 年（民国二十五年）	故都文物整理委员会修缮智化寺
1944 年（民国三十三年）	日伪当局对智化寺进行一次修缮，主要是部分建筑挑顶子，称为“万国修缮”
1946 年（民国三十五年）	国民党政府进行小规模修缮
1949 年	北京解放，智化寺回到人民怀抱
1952 年底	查阜西、杨荫浏等人采访智化寺音乐
1953 年 2 月 1 日	在老舍主持的“燕乐晚会”上，16 位艺僧演奏 3 首智化寺京音乐乐曲
约 1953 年	当时的社会文化事业管理局对智化寺进行过一次大修
1957 年	智化寺被列入北京市第一批古建文物保护单位
1958 年	北京市人民政府拨款修缮智化寺
1961 年	国务院将智化寺列为第一批全国重点文物保护单位
1982 年	北京市文物事业管理局将原存于柏林寺的清“乾隆版《大藏经》经板”移入智化寺收藏
1984 年	北京智化寺文物保管所成立
1986 年	国家拨巨款对智化寺进行大规模重修，使这座明代木结构建筑保存完好。在佛教领袖额尔德尼、赵朴初的支持下，成立以智化寺京音乐为主的北京佛教音乐团

续表

年　代	事　件
1987 年	智化寺举办第一次历史文物展览；智化寺音乐艺僧应邀赴德国、法国、瑞士等国家的七个城市访问演出
1988 年	“乾隆版《大藏经》经板”移出智化寺并付梓，移至房山石经山云居寺收藏
1989 年	智化寺二期整修工程告竣，部分展厅对外开放；智化寺京音乐应邀赴新加坡访问演出
1990 年	智化寺京音乐第二十六、二十七代艺僧回到智化寺，京音乐演奏团成立；智化寺被北京市文物事业管理局定为私人收藏活动的展示窗口
1991 年	北京东方收藏家协会在智化寺成立；智化寺发行首版《北京智化寺京音乐》和《北京智化寺禅音乐》原声磁带；为使智化寺京音乐后继有人，招收六人学习京音乐
1992 年	智化寺整修工程全部完工，成立北京文博交流馆，并全面向社会开放
1995 年	智化寺京音乐学员毕业
1997 年	智化寺京音乐赴我国台湾地区与菲律宾进行文化交流
2002 年	北京市文物局对智化寺进行下架油饰
2003 年	北京市文物局拨款修复元代经书、明代佛像；智化寺乐队首次录制 CD 版京音乐《智化寺京音乐》，曲目十首；举办第一届北京地区博物馆人员科普培训班
2004 年	修复明代经书；荷兰首相扬•彼得•巴尔克嫩德前来智化寺参观并欣赏智化寺音乐；为了保护转轮藏，实施藏殿地下防水工程；智化寺京音乐第二十七代传人每天在馆内进行四场演出
2005 年	完成智化寺电路改造工程；完成智化寺固定陈列展览改陈项目；完成智化寺藏梨园牌匾修复项目；出版《古刹智化寺》图录
2006 年	完成《以木板为支撑体的古代壁画保护研究》科研课题；举办第一届智化寺音乐节；智化寺京音乐被列为首批国家级非物质文化遗产
2007 年	前法国总统夫人及法国蓬巴杜市市长来到智化寺参观；完成智化寺馆藏小佛像修复项目；完成博物馆无障碍设施改造项目；出版《智化寺藏元明清佛经版画赏析》一书
2008 年	完成智化寺室内彩画除尘保护工程；开展博物馆文化创意产业 —— 纪念品开发工作
2009 年	完成《智化寺》宣传画册的再版印刷工作；完成智化寺万佛阁内壁佛龛及小佛像修复保护工程；完成智化寺屋顶抢险修缮工程；开发“北京记忆”系列纪念品，并获得国家金奖和北京市银奖；出版《以木板为支撑体的古代壁画保护研究》一书
2010 年	启动《智化寺文物保护整体规划》工作；完成本馆珍贵文物数据录入及信息采集报送工作；完成智化寺新发现佛经修复项目；出版《智化寺京音乐研究与欣赏》一书
2011 年	举办第二届智化寺音乐文化节；完成馆藏一般文物的数码照片采集工作；召开“北京文博交流馆回顾与展望”“智化寺古建保护与展陈”专家座谈会；完成与北京出版社合作出版的《文物背后的科技故事》一书
2012 年	完成智化寺古建修缮工程；举办第十届北京地区博物馆科普（文博科技）培训班；开展“博物馆科普下基层活动”；完成“文物修复与保护技术专题展”巡展；举办第三届智化寺音乐文化节；本馆作为北京博物馆志愿服务总队开展相关北京地区博物馆志愿服务工作

续表

年　代	事　件
2013 年	出版《古刹智化寺（英文版）》一书；美国费城艺术博物馆馆长蒂莫斯·鲁博先生、中国美术科主任木下弘美女士到馆访问；智化寺京音乐乐队荣获第六届“薪火相传——中国文化遗产保护年度杰出团队奖”；举办第十一届北京地区博物馆科普（文博科技）培训班；举办第四届智化寺音乐文化节；完成“博物馆创意商品精品展”；继续开展北京博物馆志愿服务总队相关工作
2014 年	“老北京的胡同四合院展”在泰国曼谷中国文化中心展出；举办“梨园永固，艺界荣光——智化寺藏梨园牌匾展”；智化寺京音乐乐队赴英国大英博物馆演出；完成《梨园旧匾》一书的再版；出版《智化寺古建保护与研究》一书；举办第五届智化寺音乐文化节；本馆作为普查办公室开始进行北京市第一次全国可移动文物普查工作；继续开展北京博物馆志愿服务总队相关工作
2015 年	继续开展北京市第一次全国可移动文物普查工作；出版《智化寺京音乐<料峭>套曲》一书和音频光盘；出版《智化寺京音乐》一书；第七届北京传统音乐节智化寺音乐专场音乐会在智化寺举行；举办第六届智化寺音乐文化节；继续开展北京博物馆志愿服务总队相关工作
2016 年	继续开展北京市第一次全国可移动文物普查工作；智化寺京音乐乐队应邀赴新加坡滨海艺术中心演出；智化寺京音乐乐队首次进入中央音乐学院进行专场展演；举办京津冀古乐交流”第七届智化寺音乐文化节；举办首届“智化寺京音乐高级研修班”；继续开展北京博物馆志愿服务总队相关工作
2017 年	完成北京文博交流馆基本陈列改造和电增容及电缆更换两项工程，6 月~12 月闭馆；完成智化寺智化门抢险加固和白蚁防治工程；智化寺京音乐乐队完成中堂曲《锦堂月》的音像录制；举办第二期智化寺京音乐高级研修班；继续完成北京市第一次全国可移动文物普查办公室后续工作
2018 年	基本陈列改造后重新对外开放；举办首场“博物馆之夜”文化活动；智化寺京音乐乐队再次赴伦敦参加大英博物馆首届国际音乐节；举办“京津冀古乐交流”第八届智化寺音乐文化节；举办“方寸票证见证百姓生活”和“古笙今世——笙文化艺术展”临时展览；关闭馆属企业“北京智莲隆基艺术品中心”；举办“闻悟故事话重阳”活动；举办“第三届智化寺京音乐高级研修班”；出版《从梨园牌匾看晚晴民国的北京梨园界》一书
2019 年	北京文博交流馆理事会成立；智化寺音乐队赴台湾高雄展演；举办“运河遗响”第九届智化寺音乐文化节；举办“光影遗珍”摄影师镜头中的智化寺图片展和“见证辉煌”博物馆门票收藏展；北京博物馆志愿服务总队举办 2019 年北京地区博物馆志愿服务管理培训班，完成国庆 70 周年博物馆志愿服务工作；完成“围墙粉刷保养”和“环境整治”两项工程；完成文物库房改造项目；举办“第四届智化寺京音乐高级研修班”
2020 年	为防控疫情，1 月~5 月临时闭馆，推出线上展览展示活动；开展三次网络直播，带领观众云游智化寺；开展“九九重阳智化寺夜游博物馆”活动；北京市委书记蔡奇来馆调研智化寺文物保护和智化寺京音乐；文化和旅游部非遗司司长陈通来馆调研智化寺京音乐；北京市东城区区长金晖到馆调研考察
2021 年	完成智化寺安防工程；开展智化寺修缮工程（2021 年度）；举办“京韵非凡”第十届智化寺音乐文化节；在传统节假日开展“夜游博物馆”活动；北京博物馆志愿服务总队完成建党百年博物馆志愿服务工作；文化和旅游部副部长、国家文物局局长李群和市委宣传部部长莫高义来馆调研考察；再版《古刹智化寺》和《智化寺京音乐》二书